LES PIERRES DE LUMIÈRE

HUGUES DOURIAUX

LES PIERRES DE LUMIÈRE

LEGEND

FLEUVE NOIR

Collection dirigée
par Philippe HUPP

ISBN 2-265-06068-2
ISSN 0768-3014

CHAPITRE PREMIER

Zulée et sa sœur Ilma étaient iwins, c'est dire que, pour elles, la vie n'était pas une partie de plaisir. Réprouvées, marquées à jamais du sceau de la honte, les deux jeunes filles ressentaient durement la précarité de leur condition, quand bien même n'y étaient-elles pour rien.

Rejetés à la périphérie de la cité, et donc plus exposés que les autres membres de la tribu aux raids ennemis, aux attaques des bêtes sauvages, voire au blizzard ou aux tempêtes de sable, les Iwins n'avaient le droit de retrouver leurs frères qu'en de rares et précises circonstances, et toujours pour de brefs moments. On pensait que leur présence pouvait irriter les dieux, et que ceux-ci feraient pleuvoir leur malédiction sur chaque membre du clan, qu'il soit riche ou pauvre, honni ou révéré. Alors, très vite, on chassait les Iwins en leur jetant des mottes de terre, de la boue, des aliments pourris ou des excréments. Les Iwins ne demandaient pas leur reste. S'ils faisaient mine de s'incruster, on les rossait. Certains avaient même été tués. La tribu des Ahl-Hâkans n'avait pas des mœurs douces...

On devenait iwin de plusieurs manières. Reculer lors d'une bataille était l'une d'elles, car chez les Ahl-Hâkans, la lâcheté représentait le défaut le plus honteux. Les guerriers préféraient mourir que perdre la face, mais s'il advenait que cela se produise, nul pardon n'était possible. Le failli était conspué publiquement, fouetté par les femmes et les enfants, dépouillé de ses armes et de ses vêtements, ses biens lui étaient confisqués et il était refoulé, avec sa famille, hors de l'enceinte de la ville, là où les ténèbres s'appesantiraient sur lui, prélude à l'éternité de souffrance qui serait sienne lorsque la mort l'aurait emporté.

Le meurtre, le vol, l'escroquerie pouvaient aussi provoquer la déchéance, ou toute autre action, même involontaire, ayant gravement nui à la collectivité. Il arrivait aussi que l'on devienne iwin sans avoir commis de faute, et tel était le cas de Zulée et d'Ilma. Leur père avait été un personnage important et respecté, membre d'une des nombreuses confréries où se regroupaient les notables de la tribu. Le prestige s'attachant à ces confréries était grand, et sévères les luttes pour en faire partie ou pour en expulser un rival.

Cela avait été le cas pour Aweuhn. A l'issue d'une des nombreuses guerres ayant opposé le clan à l'une des tribus voisines, Aweuhn avait été convaincu de trahison. Jugé et condamné, malgré ses vigoureuses dénégations, le guerrier avait préféré se suicider plutôt qu'endurer le déshonneur, attitude noble, mais qui avait précipité ses deux épouses dans la misère. Devenues iwins, Issah, la mère de Zulée, et Wamah, celle d'Ilma, avaient dû fuir la tribu, et se réfugier au milieu des autres bannis.

L'accueil n'avait pas été facile. Unis dans le désespoir et l'adversité, les Iwins ne respectaient plus la loi de la tribu, mais celle du plus fort ou du plus malin. Ils ne bénéficiaient pas de la protection du groupe et, en cas d'attaque ennemie, c'était eux qui prenaient les coups les plus durs, sans que nul, ami ou ennemi, leur manifeste la moindre pitié. Cela en faisait des êtres durs, sans cesse sur le qui-vive, dont le principal souci était d'assurer leur subsistance quotidienne.

Wamah, trop jeune et de caractère sans doute trop

faible, n'avait survécu qu'un hiver. Épuisée par les privations et les mauvais traitements, elle s'était éteinte un jour, dans le misérable abri qu'avec Issah, elles s'étaient aménagé non loin d'un petit lac, après bien des bagarres contre les autres Iwins.

Isaah aurait pu abandonner la petite Ilma, qui lui en aurait fait grief ? Au lieu de cela, elle avait recueilli l'enfant, l'élevant comme elle élevait Zulée, entre deux expéditions pour se procurer nourriture, armes ou vêtements. Issah était une femme à la volonté indomptable. Elle inculqua aux deux fillettes les principes élémentaires de la survie, l'art de voler et celui de se battre. A présent, Zulée avait seize ans, Ilma treize, et toutes deux savaient ne devoir attendre de l'existence que ce qu'elles sauraient lui arracher.

L'été précédent, Zulée avait quitté sa famille, sans que sa mère fasse rien pour la retenir. Il arrivait un âge où chacun devait s'assumer.

Cela n'empêchait pas les deux sœurs de se voir fréquemment. Elles demeuraient attachées l'une à l'autre et se prodiguaient souvent des marques de tendresse. Mieux : Zulée songeait parfois à quitter le territoire des Ahl-Hâkans pour découvrir le monde. Elle emmènerait Ilma avec elle. Elles ne seraient pas trop de deux pour affronter l'adversité.

Accroupie sur un rocher plat surplombant un torrent, Zulée pêchait au harpon lorsqu'Ilma la rejoignit. Plusieurs grosses truites gisaient dans l'herbe, et la jeune fille se lécha les lèvres de gourmandise. Avant de s'accroupir près de sa sœur, elle inspecta longuement le paysage alentour. Tout semblait calme, mais la prudence était constamment de mise. Des Iwins s'étaient déjà entretués pour moins que quelques poissons !

Zulée avait retiré ses vêtements pour pêcher, et son corps mince, bronzé, constellé d'écume, luisait au soleil.

Ilma trouvait sa sœur très belle, et enviait sa poitrine

ronde, ses longues jambes musclées, ses hanches nerveuses et sa croupe ferme. Zulée avait un visage ravissant, encore un peu enfantin, une bouche à la moue volontaire, un menton délicat. Elle tressait ses longs cheveux couleur de jais et les disposait en nattes qui, pour la petite, représentaient le comble de l'élégance. Ilma désespérait de ressembler un jour à sa sœur. Elle s'estimait trop gamine pour être séduisante, se désolait que ses seins soient si peu marqués et qu'elle fasse penser à un jeune animal tout en jambe et en os ! Elle aurait été très surprise d'apprendre que Zulée la considérait comme une future beauté, avec son visage fin, ses immenses yeux pervenche, ses cheveux à peine moins sombres que les siens et la rondeur de son petit cul, et qu'elle se faisait du souci pour elle, les Iwins mâles ayant une propension marquée pour le viol, qui leur permettait d'assouvir leurs instincts sans avoir à payer une prostituée ! Surtout que cette idiote ne se rendait compte de rien et persistait à se balader vêtue en tout et pour tout d'un pagne, comme les petits enfants, ce qu'elle n'était plus depuis longtemps !

En guise de salut, les deux sœurs échangèrent un clin d'œil et Ilma s'accroupit à côté de son aînée. Zulée se tenait rigoureusement immobile. Seuls ses yeux, sans cesse en mouvement, trahissaient qu'elle était à l'affût. Son poing fermé sur le manche du harpon ne tremblait pas, ses seins se soulevaient à peine, au rythme de sa respiration retenue.

De longues minutes s'écoulèrent. Ilma ne bougeait pas plus que sa sœur. Enfin, un éclat argenté fendit le courant. Ilma poussa un petit grognement, mais Zulée avait déjà repéré sa proie. Son corps se tendit, elle se souleva légèrement. La pointe du harpon suivit un instant la course ondulante du poisson...

Zulée se détendit, l'arme siffla dans l'air, creva la surface de l'eau. Il y eut un remous. Avec un cri de victoire, Ilma se jeta dans le torrent. Éclaboussant tout autour d'elle, elle courut sus au poisson blessé, empoigna le manche du harpon.

Trempée des pieds à la tête, elle se retourna vers Zulée, brandit joyeusement l'arme au bout de laquelle se débattait la truite transpercée.

— Elle est énorme ! cria la fillette. Tu es la meilleure !

Zulée s'était relevée. Elle sourit, fière de son exploit, mais moins démonstrative que sa cadette.

— Sors de l'eau, dit-elle. J'en ai pris assez. On va manger !

Ilma la rejoignit. Les deux jeunes filles se séchèrent. Zulée ramassa ses affaires, pendant qu'Ilma réunissait le fruit de sa pêche et en emplissait un sac. Puis elle accrocha son arc à son épaule, son carquois à sa taille, et saisit son épieu. Exactement comme sa sœur avait fait en arrivant, elle parcourut du regard buissons et bosquets, en amont et en aval, sur chacune des rives. Mais tout semblait calme.

Les deux jeunes filles s'éloignèrent du torrent, s'enfonçant dans le sous-bois. Malgré la légèreté de leur tenue, elles ne sentaient pas les branches qui les fouettaient, ou les petits cailloux sous leurs pieds. Leur corps était endurci, leur résistance au mal ou à la fatigue sans commune mesure avec leur jeune âge. Même un guerrier ahl-Hâkan aurait eu du mal à les battre sur ce terrain. La vie des Iwins était dure. Seuls les plus forts survivaient...

Pendant plusieurs minutes, Zulée et Ilma cheminèrent à travers bois, avant de déboucher sur une prairie où s'élevait un groupe de huttes. Les deux sœurs observèrent un instant les fumées qui montaient des toits arrondis et la petite population d'hommes, de femmes et d'enfants qui vaquaient à leurs occupations, au milieu de chiens braillards.

— Comment ça se passe, avec eux ? demanda Ilma.

Zulée haussa les épaules.

— Au début, j'ai eu du mal. Beaucoup de ces beaux

messieurs se sont imaginé des choses. J'ai dû me battre mais ils ont fini par comprendre que je n'étais pas la fille à tout le monde. Il y en a toujours deux ou trois qui me tournent autour, mais dans l'ensemble, j'ai la paix.

Elle se mit à rire.

— Allons manger !

Elle ouvrit son sac et déballa ses vêtements. Contrairement à Ilma, elle ne portait pas de pagne. Elle enfila de longues jambières de cuir souple qu'elle attacha autour de sa taille à l'aide d'une ceinture, et endossa une tunique qui lui venait à mi-cuisses. Une paire de mocassins complétait sa tenue. Comme Ilma, nombre d'Iwins vivaient presque nus, à la belle saison. Elle évitait de le faire, non qu'elle fût particulièrement prude, mais elle voulait éviter d'aguicher ses voisins !

— T'as pas un homme à toi ? questionna encore Ilma.

— Non... J'ai eu quelques amis, et encore, pas dans ce village. Tu sais ce que c'est avec les hommes : ils veulent que tu t'occupes de leur ménage, de leurs enfants... Moi, je préfère être libre !

Les deux jeunes filles traversèrent la prairie. Pour bien marquer son indépendance, Zulée ne s'était pas installée près du village, mais un peu à l'écart. Au reste elle n'habitait pas une maison en dur, mais avait dressé une simple tente, facile à déménager si, d'aventure, elle décidait de changer de cadre de vie.

Des braises rougeoyaient devant l'abri. Zulée ranima son feu, tandis qu'Ilma vidait les poissons.

— Tu vas manger tout ça ? s'étonna la fillette après qu'elle eut aligné les truites sur une claie de bois.

— Non... Je vais en échanger. Mais tu pourras en emporter pour notre mère.

Zulée piqua ses deux plus belles prises sur des branchettes et les mit à cuire. Un agréable fumet ne tarda pas à monter, qui fit saliver les deux jeunes filles... et se rapprocher plusieurs enfants.

— Et voilà les parasites ! grommela Ilma, sarcastique.

Elle ramassa des pierres et les gosses reculèrent, mais demeurèrent à proximité, fixant sur elles de grands yeux faméliques.

Sans se préoccuper de leur présence, les deux sœurs se mirent à manger.

— Comment va maman ? demanda tout à coup Zulée.

— Elle s'ennuie de toi, répondit Ilma, la bouche pleine. Pourquoi tu ne reviens pas ? T'as toujours ta place, chez nous !

Zulée ne répliqua pas. Sa mère et sa sœur lui manquaient, mais elle aimait trop sa liberté.

Elles achevèrent leur repas et Zulée disposa les autres truites au-dessus du foyer, pour les sécher à la fumée. Les enfants s'étaient enfin éloignés, comprenant qu'on ne leur ferait pas l'aumône. La jeune fille s'assit sur une natte. Ilma s'installa confortablement à côté d'elle.

— Tu me cherches les poux ? quémanda-t-elle.

C'était un reste de leurs jeux d'enfance. Ilma ne se décidait pas vraiment à grandir. Parfois, Zulée avait envie de la houspiller. Mais elle ne détestait pas non plus la materner, revenir elle-même en arrière, à l'époque où sa sœur lui servait de poupée... Aussi, attirant la tête de la petite sur ses genoux, plongea-t-elle ses doigts dans son abondante tignasse.

En vain... Ilma n'avait pas de poux. Elle continua cependant à lui explorer la chevelure. Ilma se laissait faire, les yeux mi-clos, abandonnée.

— Tu sais, murmura-t-elle tout à coup, j'ai entendu quelqu'un raconter que des guerriers azongah sont venus sur notre territoire...

Elle disait « notre ». Elle ne disait pas « le territoire des Ahl-Hâkans »... Même chez les Iwins, l'instinct tribal demeurait fort. Si fort que tous ces réprouvés se sentaient encore frères de ceux qui les bannissaient, et prêts à prendre les armes contre les membres des autres tribus.

— Bah ! C'est des sottises, ça ! grogna Zulée.

Ilma se rebiffa.

— C’est pas des sottises ! protesta-t-elle. Al-Maar est un garçon sérieux...

Elle s’interrompit, devint toute rouge. Zulée leva une des mèches de sa sœur autour de son doigt et tira dessus. La petite glapit.

— On peut savoir qui est cet Al-Maar ? interrogea doucement Zulée.

— C’est... un ami ! bredouilla Ilma. On se connaît depuis quelque temps. Il se déplace beaucoup en lisière de notre territoire. S’il dit qu’il a vu des étrangers...

— Tu couches avec lui ? la coupa sa sœur.

— Ben... Il est très gentil ! Il me donne des tas de choses. Ça nous aide, maman et moi, maintenant que tu es partie !

Zulée se retenait de laisser éclater sa colère.

— Tu veux dire qu’il te paye ?

Ilma se releva d’un bond, rouge de colère.

— Tu me prends pour une putain ?

Zulée supporta le regard furibard de sa sœur.

— Je te prends pour une très jeune fille, lui répondit-elle froidement. Sans beaucoup d’expérience.

— Mais...

— Ils sont nombreux, les Iwins qui cherchent à profiter des gamines comme toi...

— Al-Maar n’est pas de ceux-là !

— Je n’en sais rien. Je ne le connais pas. Je te mets seulement en garde... Est-ce qu’il t’a proposé de te faire rencontrer des amis à lui ?

— Non ! Mais...

— Mais quoi ?

— Il a des amis ! Je les connais...

— Ils t’ont un peu pelotée en passant ?

— Juste comme ça...

Ilma dansait d’un pied sur l’autre. Zulée soupira. Elle n’avait pas assez de soucis avec sa nouvelle vie pour devoir en plus s’inquiéter de sa sœur ! Elle se leva à son tour.

— Qu'est-ce qu'en dit maman ?

— Elle... elle n'est pas au courant.

Zulée hocha longuement la tête. Ilma détournait le regard.

— Tu ne crois pas que tu es un peu âgée pour vivre nue comme les enfants ?

Ilma ouvrit de grands yeux.

— Al-Maar aime bien me voir comme ça !

— Tu m'étonnes... Au fait, quel âge a-t-il ?

— Il... il est plus vieux que moi.

« Ben voyons ! », pensa Zulée.

— Il faut que je rentre, maintenant ! dit Ilma.

Zulée ramassa les poissons qu'elle avait préparés pour sa mère, les tendit à la fillette. Alors qu'Ilma les saisissait, elle lui prit les mains.

— Écoute, dit-elle, j'ai quitté le foyer et je n'ai plus aucun droit sur toi, mais je veux seulement une chose : promets-moi que si cet Al-Maar te propose de partir avec lui ou veut te faire rencontrer des Ahl-Hâkans riches, tu viendras m'en parler... Promets-moi, Ilma !

— Je... je te promets, soupira l'enfant, de mauvaise grâce.

— Bien... Et tâche de te trouver une robe !

— Pour ça, il faudrait que j'aie de quoi payer !

Furieuse, Ilma se dégagea de l'étreinte de sa sœur et s'éloigna en courant. Zulée put voir bon nombre de villageois suivre du regard sa silhouette juvénile et gracieuse. Ce ne fut pas pour dissiper ses inquiétudes.

Restée seule, Zulée s'affaira à la préparation de son poisson séché. Elle s'en voulait de s'être disputée avec sa sœur. Ilma resterait sûrement plusieurs jours avant de revenir la voir. Son absence lui pesait déjà.

C'est que Zulée n'avait pas d'amis, au village. Elle ne vivait pas là depuis assez longtemps et les débuts de son installation avaient été marqués par de durs conflits avec ses voisins. Les mâles de la communauté avaient effectivement tenté de se la partager, et leurs femmes avaient vu en elle une rivale. Elle avait dû se battre contre les uns et les autres, au point de regretter parfois d'être partie de chez sa mère. A présent, les choses s'étaient un peu tassées, mais la rancœur persistait. Les hommes lui en voulaient de les avoir repoussés et les femmes se méfiaient toujours. Avec le temps, sans doute, tout s'arrangerait et elle deviendrait un membre du groupe à part entière. Elle se construirait une hutte en dur, se ferait des relations et, qui sait, rencontrerait un compagnon... En attendant, elle se sentait seule. Elle enviait Ilma d'avoir un ami, quelles que fussent les interrogations qu'elle se posait à son endroit. Il y avait combien de temps qu'elle n'avait pas couché avec un homme? Des mois...

Soudain, un sourd grondement ébranla l'atmosphère de cette fin de jour, et fit lever la tête à la jeune fille. Zulée se tourna vers l'horizon. Très loin, le ciel semblait en feu. Des reflets couleur de flamme roulaient lourdement au-dessus des collines. De lourds nuages envahissaient progressivement le ciel qui avait pris une consistance presque solide. Un roulement interminable fit frissonner Zulée, un souffle de vent l'enveloppa. Retenant sa respiration, la jeune Iwin resserra les pans de sa tunique sur ses épaules. Un trouble étrange l'envahissait. Ce n'était pas la première fois, tant s'en fallait, qu'elle pouvait observer la violence des orages sur la plaine, pourtant, cette fois, le déchaînement des éléments la mettait mal à l'aise. Elle se mit à trembler, envahie par un mauvais pressentiment. Les Al-Hâkans croyaient que les orages étaient provoqués par le courroux des dieux, et en particulier celui de leur Mère à tous, qu'ils appelaient la Déesse. Zulée n'était pas particulièrement dévote, mais elle se dit que la Déesse était, ce jour, très en colère. Jamais encore elle n'avait pu voir un tel déchaînement. Heureusement que le gros de l'ouragan se situait apparemment très loin du village!

Le phénomène dura de longues minutes. Zulée pouvait voir les Iwins, agenouillés devant leurs huttes, qui imploraient pitié. Au fond d'elle-même, quelque chose la poussait à les imiter. Mais elle ne voulait pas. Elle se raidit.

— Saleté de Déesse! maugréa-t-elle entre ses dents.

Nul éclair vengeur ne vint la frapper, et cela l'encouragea. Elle lâcha une longue bordée d'injures à l'encontre de la tempête.

Puis elle rentra chez elle, rabattit le pan de cuir qui fermait sa tente, se déshabilla et s'allongea sur la couverture qui lui servait de lit. Mais le sommeil fut long à venir...

CHAPITRE II

Lorsqu'elle estima que son poisson fumé était à point, Zulée réunit ses trésors et décida qu'il était temps d'aller faire des affaires. Elle avait passé les dernières semaines à pêcher, chasser et cueillir des baies, des racines et des champignons qu'elle avait soigneusement séchés et rangés. Tout ça promettait un bon troc !

Zulée emballa ses affaires dans un sac et sortit de chez elle. Elle se ceignit de ses armes, jeta un regard au village. Sans nul doute, les Iwins viendraient fouiller sa hutte aussitôt qu'elle aurait tourné le dos. Ça n'était pas grave. Elle ne laissait rien qui pourrait exciter leur convoitise.

D'un bon pas, la jeune fille se dirigea vers le bois. Un garçon la siffla au passage, mais elle n'y fit pas attention. Outre le commerce, elle avait décidé de s'amuser un peu, mais pas avec ces crétins !

Zulée emprunta un sentier qui menait vers le couchant. Il existait sept villages iwins, disséminés en bordure du couvert, mais ce n'était pas eux qui l'intéressaient. Tous les Iwins vivaient de la cueillette, de la pêche et de la chasse, et personne ne lui achèterait ses marchandises. Par contre, nombreux étaient les Ahl-Hâkans qui considéraient ces occupations comme indignes de leur rang. Ceux-là pourraient faire des clients.

Zulée n'aimait guère les Ahl-Hâkans. Elle ne pouvait s'empêcher de trouver leurs lois injustes. En quoi sa mère, Ilma et elle pouvaient être responsables de la supposée faute de leur père ? Pourquoi les avoir chassées du village ? Et pourquoi ne leur offrir aucune chance de rachat ? Car tel était le sort des réprouvés. Ils le restaient à jamais...

Mais ces pensées moroses ne durèrent pas. Zulée était jeune, la vie bouillonnait en elle et son caractère ne la portait naturellement pas à la mélancolie. Elle se mit en marche d'un pas allègre, un peu dansant. Avec un poil de chance, en traversant la forêt, elle pourrait tuer d'une flèche un lièvre ou un écureuil !

Zulée ne tua ni lièvre ni écureuil et, lorsqu'elle arriva en vue de la cité des Ahl-Hâkans, elle se rendit compte que toute une foule d'Iwins avait eu la même idée qu'elle, et attendait le bon vouloir des seigneurs pour vendre le produit de leur artisanat. Les femmes s'étaient agenouillées devant des nattes sur lesquelles elles avaient disposé qui des ustensiles de cuisine, qui des poteries, des paniers d'osier tressé décorés de pierres de couleur ou de piquants de porc-épic, qui des vêtements de peau ou de fibres, qui des légumes, des fruits, de la viande séchée...

Chaque vendeuse avait son espace réservé. Zulée étant une des plus jeunes dans le métier, s'était vu reléguer à la plus mauvaise place, à l'écart des autres Iwins. C'était la règle et elle ne s'en formalisait pas, d'autant qu'elle avait découvert un avantage inattendu à cette disposition : un jeune guerrier Ahl-Hâkan l'avait remarquée et, bien que ne se dépouillant jamais de sa morgue et ne lui adressant la parole que par l'intermédiaire d'un esclave, il ne manquait pas d'apparaître chaque fois qu'elle déballait ses affaires et, généralement, se montrait bon client. Plus d'une fois, Zulée s'était demandé comment elle réagirait si ce seigneur lui faisait des avances. Même réprouvés, les Iwins demeuraient libres de se refuser aux désirs des Ahl-Hâkans. Mais le feraitelle ? L'homme était beau, plus distingué que tous ceux — ils n'étaient pas si nombreux — avec qui elle avait couché. Certaines femmes iwins devenaient parfois les maîtresses attitrées de seigneurs. A condition qu'elles sachent demeurer à leur place, nul n'y trouvait rien à redire, et elles en tiraient de grands avantages matériels...

Zulée gagna sa place, échangeant quelques signes de tête avec des marchandes qu'elle connaissait. Elle aligna ses armes sur le sol, étala une couverture sur laquelle elle disposa les produits qu'elle désirait vendre. Puis elle retira sa tunique, la plia soigneusement et, vêtue de ses seules jambières, s'assit en tailleur. Elle n'était pas sotte, et savait que la fraîcheur et la fermeté de sa poitrine attiraient l'œil des hommes. Pourquoi se serait-elle privée de l'argument publicitaire que lui offrait sa nudité ?

Un moment s'écoula. Les affaires ne semblaient pas très bonnes. Peu d'Ahl-Hâkans se pressaient au marché, et cheminaient entre les étals en affectant l'indifférence. Malgré son visage baissé, sa mine modeste — telle était l'attitude que les Iwins devaient adopter en face des seigneurs —, Zulée ne perdait rien de leur manège. Les hommes étaient grands, bien découplés, la mine altière, et portaient de somptueux vêtements de cuir finement tanné. Leurs femmes les suivaient, sveltes, moulées dans de longues robes colorées qui leur laissaient la poitrine découverte. Les cheveux rehaussés de cimiers de plumes, le pied serré de fines sandales, elles laissaient éclater leur fierté d'appartenir à une caste élue. A l'occasion, elles pouvaient se muer en guerrières farouches, mais, pour l'heure, elles n'étaient que grâce et féminité.

Au bout d'une heure, Zulée n'avait vendu que quelques fruits et s'ennuyait ferme. Le chaud soleil de ce Mois des Orages lui cuisait les épaules et elle était tentée de se rhabiller. Pour passer le temps, elle laissait ses yeux errer sur la ville s'étendant devant elle. Quelle différence avec les villages des Iwins ! Les Ahl-Hâkans vivaient dans de grandes et belles maisons blanches, aux toits en terrasse, aux murs percés de petites fenêtres abritant, elle le savait par ouï-dire, des jardins intérieurs que des esclaves arrosaient chaque jour. Les rues étroites et sinueuses, bien ombragées, étaient propres, semées d'herbe et de galets ronds. Nombreux étaient les seigneurs qui y prenaient le frais, accroupis sur de confortables coussins, fumant leurs pipes de pierre polie, devisant entre eux. Jamais de sa vie, Zulée ne contemplerait ces merveilles autrement qu'à distance et bien qu'elle se raccrochât farouchement au sentiment qu'elle était bien plus heureuse, libre, qu'aucune femme Ahl-Hâkan soumise à la jalousie de son époux, il lui arrivait de remâcher son amertume...

Soudain, elle eut un frémissement. Le seigneur qu'elle connaissait venait d'apparaître, traversant le champ de foire. Instinctivement, elle se redressa et bomba le torse. A travers ses longs cils abaissés, elle observa le jeune homme. Il portait une longue jupe fauve brodée de franges, un pectoral d'argent et tenait un casse-tête ouvragé à la saignée de son coude. Il laissait couler un regard apparemment indifférent sur la foule des Iwins, mais Zulée eut la certitude qu'il la cherchait. Au reste, lorsqu'il l'aperçut, il ne put retenir une fugitive mimique de satisfaction. Elle se demanda si elle n'aurait pas dû retirer aussi ses jambières, décida que non. Il valait mieux que ce beau monsieur imagine ce qui se cachait dessous... Ça le ferait penser à elle !

D'un pas volontairement traînant, s'arrêtant ici ou là, le seigneur s'approcha. Il parut seulement la découvrir, se campa devant son étal. Zulée s'inclina, tête basse, ainsi qu'il convenait. Il n'était pas question qu'elle parle la première.

De longues secondes s'écoulèrent. Il fallait qu'elle mérite l'attention de l'Ahl-Hâkan.

— Tu as de beaux poissons, femme ! dit enfin le jeune homme.

Sa voix était plaisante. Zulée releva la tête, mais ne fixa pas ses yeux sur le visage de son vis-à-vis. C'eût été le comble de l'impolitesse.

— Je les ai pêchés et fumés moi-même, seigneur, répliqua-t-elle.

— Tu es très habile, dirait-on.

— Je suis la meilleure de mon village, seigneur !

Elle n'avait pas l'intention de se montrer modeste. D'autant que les yeux du guerrier n'étaient pas fixés sur ses poissons, mais bien plutôt sur ses seins, elle le sentait.

— Est-ce également toi qui as cueilli ces fruits et ces champignons ?

— Oui seigneur.

— Tu connais donc la forêt.

— J'y vis, seigneur.

Zulée se rendait compte que les marchandes alentour ne perdaient pas une miette de ce qui se passait. Elles devaient en crever de jalousie. Il était déjà rare qu'un Ahl-Hâkan adresse la parole à un Iwin, en plus, ce seigneur lui faisait des compliments !

— Comment te nommes-tu ?

— Zulée, seigneur...

— Zulée... Combien veux-tu pour tes poissons et tes fruits ?

Zulée ne put s'empêcher de frémir. Ce seigneur prétendait-il lui acheter TOUTES ses marchandises ?

— Deux onces d'argent, seigneur, répondit-elle.

— Deux onces ! C'est cher !

Zulée eut un sourire.

— Que sont deux onces d'argent pour un seigneur ahl-Hâkan ? rétorqua-t-elle. Pour une pauvre Iwin, elles représentent le prix à payer pour une robe neuve.

— Une robe neuve ? Je ne crois pas que tu en aies besoin. Tu es très belle comme ça !

Zulée rougit.

— Je te donnerai tes deux onces. Mais je veux que tu portes tes marchandises jusque chez moi.

Zulée avait compris. Ce n'était pas tout à fait de cette façon qu'elle avait imaginé la chose. Elle hésita. Elle devait se décider. Et vite. Les Ahl-Hâkans n'étaient jamais patients !

— Oui, seigneur, répondit-elle d'un ton soumis.

L'Ahl-Hâkan hocha la tête d'un air satisfait. Zulée se leva, emballa son poisson dans la couverture. Elle tendit la main pour ramasser sa tunique.

— Inutile de te rhabiller, dit le seigneur.

Zulée acquiesça. L'Ahl-Hâkan s'était déjà détourné et se dirigeait vers la ville. Les marchandes ricanaient d'un air entendu. Elle les défia du regard, saisit ses armes, charges ses affaires sur son épaule et s'empressa de suivre le seigneur.

L'Ahl-Hâkan n'habitait pas une des maisons les plus imposantes de la cité, mais lorsqu'elle y pénétra, osant à peine oser ses pieds sur le sol, Zulée eut l'impression qu'elle entrait dans un palais. La tête lui tournait. Durant tout le chemin qu'elle avait parcouru sur les talons du seigneur, elle avait pu sentir peser sur elle les regards étonnés, réprobateurs ou amusés des autres Ahl-Hâkans. Chacun savait dans quel but un des leurs se faisait suivre par une réprouvée, et le tolérait. Mais pour la jeune fille, l'épreuve était difficile. Elle s'attendait presque à ce qu'on la lapide.

Le seigneur referma la porte derrière eux. Un esclave s'empressa. Il saisit la couverture de Zulée et l'emporta. La jeune fille demeura immobile, ne sachant que faire. L'Ahl-Hâkan la regardait fixement.

— Est-ce que tu es une putain, Zulée ? interrogea-t-il abruptement.

— Non, seigneur.

— Alors pourquoi ne portes-tu rien sous ta tunique ?

Zulée osa, chose incroyable, fixer le jeune homme dans les yeux.

— J'espérais que tu le remarquerais, seigneur !

L'Ahl-Hâkan sourcilla d'étonnement... avant de partir d'un petit gloussement amusé.

— Tu n'as pas la langue dans ta poche ! s'exclama-t-il.

Zulée demeura silencieuse. Elle pouvait distinguer un volume révélateur sur le devant de la jupe du jeune homme.

— Approche ! dit soudain l'Ahl-Hâkan.

Zulée obéit, le cœur quelque peu battant. Le seigneur lui posa ses mains sur les hanches.

— J'ai couché avec beaucoup de femelles iwins, dit-il. Je les ai toujours trouvées indifférentes et passives. Sauras-tu, toi, me donner un peu de plaisir ?

Zulée regrettait à présent d'avoir suivi cet Ahl-Hâkan. Sa suffisance lui déplaisait. Mais elle ne pouvait plus faire marche arrière.

— J'essaierai, seigneur, répondit-elle.

— Je te conseille d'y arriver. Si tu me fais jouir bien fort, je te donnerai plus que deux onces d'argent. Mais si tu me déçois, tu recevras plus que trois coups de fouet !

Zulée avala sa salive.

— Je ne te décevrai pas, seigneur.

L'Ahl-Hâkan la considéra un instant, une petite moue sur les lèvres, avant de la lâcher.

— J'aime les femmes très soumises, dit-il d'un ton froid.

— Je... je le serai, seigneur !

— Bien... Tourne-toi !

Zulée obéit, s'efforçant de cacher son anxiété. Par-dessus son épaule, elle vit le seigneur dégainer le poignard qui pendait à son ceinturon. L'Ahl-Hâkan joua un instant avec son arme, puis se pencha et, d'un geste vif, trancha la ceinture qui retenait ses jambières.

— Tu as un beau cul ! dit le seigneur en lui piquant le gras de la fesse du bout de son arme.

Zulée se mordit les lèvres. L'Ahl-Hâkan la poussa aux épaules. Elle se pencha en avant, prenant appui des mains sur ses genoux et ferma les yeux...

Lorsque Zulée ressortit de la maison du seigneur, la journée était bien avancée. La jeune fille se sentait quelque peu lasse, mais, somme toute, assez satisfaite. L'Ahl-Hâkan ne l'avait pas fait fouetter et lui avait remis, comme promis, plus de deux onces d'argent. Cinq pour être précis. C'est donc qu'elle s'était montrée assez soumise et bonne amante. Sans doute, pour sa part, n'avait-elle ressenti aucun plaisir, mais ça n'était pas important. Elle avait assez bien simulé pour que le seigneur se prenne pour le plus viril des mâles... et ne s'ennuie pas en sa compagnie !

Zulée se hâta de quitter la ville. Lorsqu'elle en eut regagné les abords, elle s'arrêta pour examiner ses jambières. L'Ahl-Hâkan n'en avait pas seulement coupé la ceinture. Il avait également fendu le cuir au niveau des cuisses. Le vêtement nécessiterait une longue séance de couture pour être remis en état.

Songeuse, Zulée enfila sa tunique. Elle soupesa la petite bourse pendue à son cou. Sa bonne humeur lui revint. Elle était riche, à présent ! Elle voulait s'acheter une robe. Pourquoi pas des jambières neuves ?

Riant et chantant une petite chanson dont elle inventait les paroles au fur et à mesure, Zulée emprunta un sentier différent de celui qu'elle avait suivi pour venir à la ville. Elle arriva ainsi à un village iwin plus important que celui où elle vivait. Toujours allègre, elle s'enfonça dans les ruelles, sourde aux quolibets ou aux invites des garçons excités par la vue de ses petites fesses nues que chacun de ses bonds dévoilait sous sa tunique courte.

Dans tous les villages iwins, les corporations se regroupaient pour exercer leur artisanat. Là, les bouchers tenaient leurs éventaires, ailleurs c'était les ferronniers, ailleurs encore les armuriers, les marchands d'alcool ou les fripiers. C'était ceux-là qui intéressaient, pour l'heure, la jeune fille.

Zulée prit son temps pour choisir, passant d'une échoppe à l'autre, fouillant parmi les hardes amoncelées, certaines neuves, mais la plupart ayant déjà été portées, et discutant âprement des prix avec les marchands.

Elle n'acheta finalement pas de jambières, car aucune de celles qu'on lui proposa — au prix qu'elle souhaitait y mettre — ne lui plaisait, mais choisit une robe d'étoffe bariolée, rehaussée de franges et de perles de verre. Sans façon, elle retira sa tunique en pleine rue et l'enfila pour l'essayer. La robe était ample, agréable à porter et le bord inférieur — comble de l'élégance — était découpé en festons au-dessus du genou.

— Je la garde ! s'exclama Zulée, les yeux brillants. Combien ?

— Trois onces d'argent !

— Non, deux...

S'ensuivit un long marchandage qui ravit la jeune fille. Zulée céda à deux onces et demie, et la vendeuse lui offrit en sus une seconde robe, d'occasion celle-là, et très courte. Zulée emporta ses paquets, l'âme en fête. Elle offrirait cette robe à Ilma. Elle en avait assez que sa sœur se promène en pagne. Ce n'était plus de son âge !

Zulée quitta le village alors que le crépuscule s'annonçait. Elle s'était attardée pour flâner, regarder les gens, discuter avec eux et, finalement, souper d'un repas chaud arrosé de lait, dans une taverne. A présent, il ne lui restait plus qu'une once d'argent, mais elle était certaine que le seigneur Ahl-Hâkan ferait de nouveau appel à ses talents amoureux. Certes, ça n'était pas très drôle de se vendre mais, après tout, elle avait vu pire ! Tout bien réfléchi, elle avait eu de la chance que le jeune guerrier la remarque. Si seulement elle pouvait se trouver un amant de cœur, pour le plaisir ! Ainsi elle serait comblée. Mais tous les garçons qu'elle connaissait lui déplaisaient !

Un bruit ténu, dans la forêt, la fit sortir de ses rêveries. Zulée s'immobilisa, réalisant son imprudence. Il n'était pas recommandé pour une jeune fille de s'aventurer seule, la nuit, de par les routes. Les bois étaient peuplés d'animaux sauvages, quand ce n'était pas les guerriers d'une tribu ennemie qui menaient un raid pour ramener des trophées ou des esclaves.

Grommelant un juron, Zulée se blottit dans l'ombre d'un arbre. S'accroupissant sur le sol, elle écouta de toutes ses oreilles. La nuit était silencieuse. Trop silencieuse. D'ordinaire, mille échos la peuplaient, et elle les connaissait tous. Le silence la dérangeait. On eût dit que la sylve retenait son souffle.

Sans qu'elle sache pourquoi, Zulée sentit sa peau se granuler de chair de poule. Elle n'était pas peureuse, avait dû souvent faire face à ses situations difficiles, depuis qu'elle avait quitté sa mère. Pourtant, en cet instant, elle tremblait d'angoisse.

Les mains moites, Zulée encocha une flèche sur son arc. Elle avait froid, regrettait ses jambières. Elle se leva doucement et, s'efforçant de ne faire aucun bruit, courut à petites foulées rapides jusqu'à un autre arbre, derrière lequel elle se dissimula. La forêt était toujours aussi silencieuse.

Un craquement se fit entendre. En un réflexe, Zulée se retourna. Elle entrevit une silhouette, à moins de cinq pas. Étouffant un cri de terreur, elle banda son arc, lâcha la corde, à l'instant où l'ombre se ruait sur elle.

Un glapissement de douleur lui apprit qu'elle avait fait mouche. La forme s'abattit lourdement, écrasant des fourrés, se débattit. Pétrifiée, Zulée se demandait si sa flèche avait transpercé quelque fauve, ou bien un démon de la nuit, ou un génie de la forêt. La créature ahanait de souffrance. Enfin, ses râles cessèrent. A ce moment, la lune perça enfin l'écran des nuages nocturnes, et l'un de ses rayons, à travers les frondaisons, éclaira le mystérieux agresseur de Zulée. La jeune fille étouffa un juron. Ce n'était pas un fauve, un démon ou un génie. A sa mise, elle reconnaissait un Iwin. Un homme musculeux, dans la force de l'âge. Sa flèche l'avait touché en plein cœur !

Un moment, Zulée contempla silencieusement sa victime. Elle comprenait tout. L'homme avait dû la voir quitter le village, et l'avait suivie, escomptant passer un bon moment lorsqu'elle se serait éloignée sous bois. L'imbécile ! A présent il était mort et elle, dans de beaux draps ! La férocité des Iwins envers les meurtriers n'avait d'égale que leur acharnement à venger leurs morts. Peu importait que l'homme eût tenté de l'attaquer et qu'elle se soit défendue. Elle avait tué, devait être mise à mort.

A moins, bien sûr, qu'on ne retrouve jamais le corps... ou qu'on impute le meurtre à quelqu'un d'autre.

Zulée s'assit dans l'herbe et réfléchit un moment au problème. Elle se souvenait de ce que lui avait dit Ilma. Des Azongahs avaient été aperçus aux abords du village...

Serrant les dents, Zulée se releva et dégaina son poignard. Elle connaissait les coutumes des Azongahs lorsqu'ils avaient mis à mort un ennemi. Chaque tribu avait les siennes, qui différaient à vrai dire assez peu les unes des autres. Ça n'allait pas être une partie de plaisir, mais elle préférait ça à la mort par lapidation !

Elle se pencha sur le corps et commença par retirer sa flèche. Puis elle larda la poitrine du mort, à l'endroit de la blessure, de nombreux coups de couteau, de façon à ce qu'on croie que l'homme avait été tué au corps à corps. La partie la moins ragoûtante vint ensuite. Zulée pratiqua de nombreuses scarifications sur le torse, les cuisses, les bras et le dos de sa victime, prélevant des lambeaux de peau et de chair, qu'elle enveloppa dans ses jambières. Elle respira plusieurs fois, profondément, pour rassembler son courage, puis entreprit de décapiter le cadavre. Telle était la façon de procéder des Azongahs. Certaines tribus se contenaient de scalper leurs ennemis. Eux emportaient la tête tout entière...

Lorsque Zulée se redressa, brandissant l'horrible trophée, sa peau n'était plus claire, mais sanglante dans la lumière de la lune. La jeune fille haletait éprouvée. Elle jeta un regard morne au corps mutilé. Les humains étaient-ils fous, de s'acharner ainsi sur leurs semblables ?

Mais l'heure n'était pas à la philosophie. Zulée enveloppa la tête avec les lambeaux de peau, ramassa ses armes. Elle n'avait que trop perdu de temps. Si on la surprenait dans cette forêt, toute sa mise en scène n'aurait servi à rien. Il fallait qu'elle s'éloigne au plus vite... et qu'elle se débarrasse de ses trophées dans un coin où on ne les retrouverait jamais.

Abandonnant le chemin, elle s'enfonça dans la forêt.

CHAPITRE III

Zulée marcha une bonne partie de la nuit, se frayant un difficile passage à travers fourrés et buissons. De temps à autre, des sapineraies poussaient, presque impénétrables, au flanc de vallons, et elle se disait que là, peut-être, elle pourrait abandonner la tête... Mais elle était encore trop près de la cité et des villages iwins. Des chasseurs pourraient passer par là... Il existait un autre lieu, dans cette forêt, où elle savait que nul ne s'aventurerait volontiers, mais c'était encore loin.

Elle résolut pourtant de s'y rendre et, le couvert s'éclaircissant, elle put enfin hâter le pas. Un éclair illumina la nuit, suivi d'un long roulement de tonnerre. Zulée leva la tête. Un second éclair l'aveugla. Une grosse goutte de pluie s'écrasa sur son front. Étouffant un soupir, elle retira sa tunique et la rangea dans son sac. Elle ne tenait pas à ce que le cuir s'imbibe d'eau.

Stoïque, elle reprit sa marche, des bourrasques humides fouettant son corps nu. La tête, enveloppée dans les jambières, heurtait sa hanche au rythme de ses pas, et c'était extrêmement déplaisant. Elle avait hâte de s'en débarrasser, de retourner chez elle, de se laver du sang qui la souillait — encore qu'avec la pluie qui se déchaînait à présent... — et d'oublier ses mésaventures.

Zulée déboucha sur un layon, à peine tracé au milieu d'une vaste étendue de fougères. Elle s'arrêta et chassa d'un geste ses cheveux que la pluie plaquait à son visage. Elle observa pensivement la sente. C'est vrai qu'on ne venait pas souvent ici. Iwins ou Ahl-Hâkans évitaient cet endroit. Elle-même ne s'y serait pas risquée si elle n'avait pas tué un homme...

Un immense éclair zébra le ciel nocturne. Zulée put voir la masse de la colline qui la surplombait, puis tout redevint sombre. Elle fit quelques pas le long du sentier, hésitante, puis se décida et entreprit de gravir le piton. La pente se fit rapidement abrupte, ses pieds glissaient sur le sol couvert d'humus et, à plusieurs reprises, elle dut s'aider de ses mains pour grimper.

L'orage redoublait de violence, comme si les éléments s'irritaient de sa hardiesse. Elle s'arrêta à mi-pente, trempée, frigorifiée, pour reprendre son souffle. Les éclairs se succédaient à présent sans interruption, et, comme l'autre jour, les roulements du tonnerre ébranlaient les nues. Zulée aperçut soudain l'autel érigé en hommage à la déesse et son sang lui parut se glacer dans ses veines. L'autel était nu, balayé par le vent et la pluie. Nulle offrande n'y était disposée pour implorer les divinités. Seul un crâne, poli par le temps, grimaçait au sommet d'un pieu. Il y avait longtemps que les hommes, Iwins ou Ahl-Hâkans, n'offraient plus rien à la Déesse. La Déesse était dure, cruelle, ne se satisfaisait d'aucune prière, d'aucun don. Seul le sang l'amadouait.

Zulée tremblait de tout son corps, et ce n'était plus de froid. Elle contemplait l'autel, fantomatique dans la lueur blafarde des éclairs. Aurait-elle le courage de franchir l'invisible frontière séparant le domaine des hommes de celui des Esprits ? La colère divine la foudroierait-elle, ainsi que le prétendaient les chamans ? Il lui sembla, dans son dos, entendre un ricanement méchant. Était-ce la tête de l'homme qu'elle avait tué qui se moquait d'elle ?

Elle haussa les épaules, fataliste. Advienne que

pourra. Son sort ne pourrait pas être pire que ce que lui infligeraient ses semblables s'ils découvraient sa faute. Elle s'avança vers l'autel.

Le lieu de culte avait été aménagé sur une petite plate-forme à flanc de montagne. Des pierres blanches, disposées en cercle, entouraient l'autel, le totem — et le crâne — et des plaques gravées de caractères que nul ne savait plus lire depuis des millénaires étaient plantées dans le sol. Les Ahl-Hâkans prétendaient que c'était en ce lieu que le fragment d'étoile au sein duquel dormait la Déesse avait touché le monde, s'ouvrant et libérant les génies, bons et mauvais qui, depuis, soufflaient sur la forêt. Zulée ne savait pas si c'était vrai ou non, et s'en moquait. Ce qui lui importait, c'était qu'au-delà de cet autel, nul ne venait jamais. Elle pourrait cacher là cette maudite tête qui pesait à son épaule. Du diable si on la retrouvait... On croirait que les Azongahs avaient fait le mauvais coup !

Zulée passa devant l'autel, les yeux baissés. Elle s'immobilisa, attendit, mais rien ne se produisit. Aucun éclair ne la foudroya, la voix tonnante de la Déesse ne résonna pas, et les démons de la nuit ne jaillirent pas du sol.

Étonnée, presque déçue, la jeune fille regarda tout autour d'elle. Rien n'avait changé. La forêt était la même, et la pluie sur ses épaules, et les éclairs dans le ciel. Elle secoua la tête. On ne pouvait même pas faire confiance aux prêtres !

Rassérénée, elle reprit son escalade. Il fallait qu'elle cache la tête loin de l'autel, si par hasard quelque fou dans son genre décidait tout de même d'y venir et aperçoive le trophée. Le sommet de la colline était couronné d'épais fourrés. Là, ce serait bien.

Soufflant tant la pente était raide, maculée de boue de la tête aux pieds, Zulée atteignit enfin la crête dentelée qui dominait la forêt. Presque malgré elle, elle se retourna, pour contempler le paysage éclairé par les éclairs. La forêt, à ses pieds, semblait immense, plus sombre que la nuit, peuplée de présences invisibles et hostiles. Elle se demanda comment elle avait fait pour la traverser. Soudain, une pensée lui vint. A sa connaissance, nul n'était jamais monté aussi haut sur ce piton. Nul ne savait ce qu'il y avait de l'autre côté. Elle voulait voir. Le monde des dieux ressemblait-il à celui des hommes ?

Elle s'enfonça dans les buissons.

Elle n'avait pas fait dix pas que le sol s'ouvrit sous ses pieds. Elle poussa un cri aigu, eut la fugitive impression qu'elle s'enfonçait dans un gouffre insondable. Elle heurta quelque chose de dur et tout se brouilla dans son esprit.

Lorsqu'elle rouvrit les yeux, Zulée avait perdu la notion du temps. Elle souffrait du dos, des jambes, et redouta de s'être brisé les reins. Une étrange clarté couleur de flamme baignait le lieu où elle gisait. Elle attendit un instant avant d'oser remuer un bras. La douleur se fit aiguë mais elle insista, amena une main devant son visage, s'essuya. Elle saignait du front et de la mâchoire. Retenant son souffle, elle se redressa. Elle n'avait pas les reins cassés. Les jambes non plus. Elle était simplement meurtrie de partout.

Elle se massa longuement les cuisses et le bas du dos et la douleur finit par s'atténuer. Alors seulement elle regarda tout autour d'elle.

Elle se trouvait au fond de ce qui lui sembla être une salle voûtée, et reposait sur une large table de pierre de forme circulaire, encombrée de gravats. Levant la tête, elle découvrit un trou sombre tout en haut de la voûte et comprit par où elle était passée pour aboutir en ce lieu ! Elle avait vraiment eu de la chance de ne rien se casser !

Elle se mit à genoux. Ses affaires étaient éparpillées tout autour de la table de pierre. Ses jambières s'étaient défaites dans sa chute et la tête de son ennemi avait roulé jusqu'au pied d'un pilier, et semblait la fixer de ses yeux morts. Zulée proféra un juron, cracha dans la direction du trophée. Dans quel guêpier s'était-elle encore fichue, à cause de ce salaud d'Iwin !

Elle se leva enfin, descendit de la table. Elle avait froid. Elle ramassa sa tunique et l'enfila, roula en boule ses jambières et les jeta dans un coin. Elle se ceignit de ses armes, fit quelques pas. Elle ne comprenait pas d'où émanait la lueur qui lui permettait de voir autour d'elle. Aucune torche ne brûlait à la muraille, et, par le trou de la voûte, elle pouvait se rendre compte que le jour n'était pas encore levé. Quel était donc ce lieu étrange ? Qui avait creusé cette crypte au cœur de la montagne ?

Zulée distingua tout à coup quelque chose qui luisait faiblement devant elle. Elle s'approcha, curieuse mais méfiante, et poussa un petit cri de stupeur.

Une muraille d'or se dressait devant elle, du sol jusqu'à la voûte. La surface polie était sculptée de hauts et bas-reliefs représentant des êtres fabuleux se livrant à la guerre ou à l'amour. Des pierres précieuses étaient serties entre les motifs, et formaient comme une écriture inconnue. Tout en haut du panneau, un visage de femme, hiératique et figé, d'une beauté glacée, fascinante, semblait fixer la jeune fille de ses yeux de rubis.

— La... la Déesse ! balbutia Zulée en reculant de deux pas.

Elle était glacée de terreur, ne pouvait détourner son regard des traits ciselés dans le métal précieux. Un rayon destructeur allait-il jaillir de ces yeux et la foudroyer sur place ? La bouche s'ouvrirait-elle pour proférer une incantation qui la pétrifierait ? Ou bien les guerriers d'or allaient-ils prendre vie et la déchiqueter de leurs épées de diamants ?

Rien de tel ne se produisit et, au bout de quelques instants, Zulée reprit confiance. Elle s'approcha à nouveau du panneau d'or et posa sa main à la surface. Elle n'avait pas le caractère cupide et, pas un instant, elle ne songea qu'elle pourrait dessertir quelques-unes des pierres précieuses, et qu'elle serait alors la plus riche des Iwins. Elle était simplement fascinée par le réalisme de ces sculptures. Elle aurait pu jurer que les guerriers au combat allaient s'entre-égorger devant elle et, lorsqu'elle fixait les couples enlacés, elle se sentait plus émue qu'elle n'avait été lorsque l'Ahl-Hâkan l'avait possédée.

— Que c'est beau ! murmura-t-elle.

Elle leva les yeux vers la Déesse, se troubla. Pourquoi avait-elle eu l'impression que le masque de la divinité lui souriait ? C'était impossible. Ce n'était *pas* la Déesse qu'elle voyait, mais son effigie, façonnée par quelque artiste de génie, et que les hommes avaient oubliée.

Elle esquissa un haussement d'épaule et se détourna. Elle s'en voulait d'avoir troublé ce temple perdu. Sa présence en ce lieu lui semblait sacrilège. Il fallait qu'elle retourne chez elle. Elle ne parlerait à personne de sa découverte. Pas même à Ilma. Les guerriers d'or méritaient le repos.

Mais comment repartir ? Zulée considéra à nouveau la voûte. Elle comprit tout de suite qu'il lui serait impossible de l'escalader pour passer par le trou, et un sentiment d'effroi l'envahit. Allait-elle demeurer prisonnière de ce piège ? Elle mourrait de faim et de soif, et ses ossements blanchiraient auprès du crâne de l'homme qu'elle avait tué !

— Non ! murmura-t-elle. Il doit y avoir une issue !

Elle se mit à chercher, le long des murs, se penchant pour inspecter minutieusement chaque moellon, chaque brique. Et, de fait, elle découvrit bientôt un étroit passage, juste derrière le panneau d'or.

— Merci, puissante Déesse ! souffla-t-elle.

Se couchant sur le sol, abandonnant sans regret la tête coupée derrière elle, elle se glissa dans le boyau et se mit à ramper. Étrangement, la lueur orangée persistait.

Elle s'en félicita. Elle n'aurait pas aimé jouer ainsi les taupes dans une obscurité totale !

Le boyau remontait en pente douce et cela sembla de bon augure à Zulée. Mais, tout à coup, le passage s'élargit et la jeune fille déboucha dans une seconde salle.

Celle-ci était non pas revêtue de maçonnerie, mais taillée à l'intérieur même de la montagne, et beaucoup plus petite que la crypte de la Déesse. Ce devait être une caverne naturelle aménagée par les hommes de l'ancien temps. Des outils, des armes — épées, lances, haches — étaient disséminés sur le sol irrégulier. Mais ce ne fut pas ce bric-à-brac que Zulée fixa avec des yeux exorbités.

C'était la myriade de gemmes couleur de feu qui scintillait à flanc de paroi.

— Les... les Pierres de Lumière ! murmura la jeune fille.

Comme tous les Iwins et les Ahl-Hâkans, Zulée connaissait la légende des Pierres de Lumière, ces cristaux vivants, intelligents, qui étaient censés procurer à leur possesseur une force invincible alliée à une sagesse de vieux philosophe. Elle n'y avait jamais beaucoup prêté foi, en fait assez peu préoccupée par les notions métaphysiques. Pourtant, en cette seconde, elle avait la preuve que les pierres existaient bel et bien, et tout ce qu'on racontait à leur propos lui revenait à l'esprit. C'était le souffle de la Déesse qui avait créé les gemmes magiques. Elles auraient dû être distribuées aux humains afin de les rendre frères. Mais les tribus s'étaient déchirées, chacune désirant conserver pour elle seule le précieux trésor. La Déesse s'en était irritée et, pour punir les hommes, avaient déchaîné sur eux un feu dévastateur, où le plus grand nombre avait péri. Seuls quelques survivants avaient pu engendrer les peuples actuels, et parmi eux, les seuls véritables enfants de la Déesse, son clan d'élus : les Ahl-Hâkans. Avec un peu d'irrévérence, Zulée s'était toujours demandé si les Azongahs, et chacune des tribus dont elle avait pu entendre parler, ne se considérait pas comme ce fameux clan élu ! De toute façon, avec ou sans Pierres de Lumière, elles continuaient de s'entretuer, et c'était toujours les réprouvés qui trinquaient !

Zulée s'approcha d'une des pierres, et l'observa attentivement. La gemme avait la grosseur d'un œuf de caille, et présentait une forme oblongue, avec une multitude d'arêtes régulières, diffusant une lueur pulsatile, vivante. Presque malgré elle, Zulée tendit la main pour effleurer le phénomène. Elle se sentait étrangement captivée par cette pierre, alors qu'elle n'avait rien ressenti en voyant l'or et les diamants de la Déesse. C'était comme si le minéral lui parlait, mais justement, n'était-ce qu'un minéral ? Aucun cristal de roche n'aurait recélé cette vie que Zulée devinait sous l'éclat de froide lumière. Mieux : un sentiment de bien-être, intime, pénétrait l'âme de la jeune fille. Des larmes lui montèrent aux yeux. Elle *aimait* cette pierre. Elle avait envie de la poser contre son sein...

— Tu es une merveille, murmura Zulée.

Elle posa enfin sa main sur la pierre. Il y eut alors un éclair, si violent que Zulée en fut aveuglée. En même temps, elle ressentit un choc violent, au tréfonds de son corps et de son âme. Elle roula en arrière, étouffant un cri de douleur. Elle essaya de se relever. En vain. Son corps ne lui obéissait plus. Envahie de terreur, elle regarda sa main. Sa chair irradiait la même lumière que la gemme. La brillance montait le long de son avant-bras, accompagnée d'une sensation de froid qui la brûlait. Pourtant, à la douleur s'ajoutait la même impression de bien-être, mais infiniment plus intense, que lorsqu'elle avait contemplé la pierre. Elle ne se débattait pas. Contre sa volonté, contre son effroi, elle se laissait posséder...

Une longue minute s'écoula. Statufiée, Zulée se rendit compte que c'était *tout* son être, à présent, qui irradiait la lumière fabuleuse. Aux battements de son cœur s'étaient substituées les pulsations de la pierre. Elle se demanda si elle allait mourir, si c'était la punition de son sacrilège. Elle pensa à Ilma, à sa mère... aux Iwins... aux Ahl-Hâkans...

Une vision traversa son esprit. Celle d'une vague immense qui déferlait. Mais pas une vague venue de la mer. Une vague qui n'était pas d'eau. Une vague... humaine... qui balayait tout sur son passage, qui anéantissait...

La vision s'effaça. La lumière s'évanouit. Le corps de Zulée redevint ce qu'il avait toujours été : celui d'une femme, d'une humaine, meurtri et gisant sur le sol...

Zulée se releva au bout d'un long moment. Un étau lui enserrait les tempes. Elle contempla la pierre qu'elle avait touchée. Elle ne brillait plus. Elle était morte.

C'était bien normal... C'était elle, Zulée, qui avait capté son essence. Elle, Zulée, devenue réceptrice de la toute-puissante Déesse...

Zulée secoua la tête. Elle regarda en direction du boyau par lequel elle avait abouti dans la caverne.

— Qu'attends-tu de moi ? interrogea-t-elle à mi-voix. Pourquoi tout ça ?

Elle n'attendait pas de réponse. Il n'y en eut pas. Zulée soupira. Elle n'était pas malheureuse, mais un sentiment de fatalité l'habitait. La Déesse l'avait choisie : de cela elle était certaine. Mais choisie pourquoi ? Et que signifiait cette vision qu'elle avait eue ? Elle lui faisait peur...

Zulée se pencha, ramassa ses affaires. A quoi bon se poser des questions ? Tout lui serait certainement révélé en son temps. Elle avait eu assez d'émotions pour cette nuit. Il fallait qu'elle rentre chez elle.

Un nouveau boyau, plus large, mais non éclairé

celui-là, amena enfin Zulée hors de la crypte. La jeune fille se retrouva au flanc de la colline, un peu au-dessus de l'autel de la Déesse, au milieu d'un fourré si épais qu'elle dut batailler ferme pour en émerger. Le jour se levait et la pluie avait cessé. Recrue de fatigue, Zulée s'empressa de dévaler le sentier qui rejoignait la forêt. Elle ne regarda pas derrière elle...

Il fallut de longues heures à Zulée pour rejoindre son village. Lorsqu'enfin elle arriva en bordure de la clairière où étaient bâties les huttes des Iwins, elle ne sentait plus ses pieds ! Elle avait déchiré sa tunique aux épines des buissons, son corps était maculé de sang séché et de boue, ses cheveux en bataille. Elle évita soigneusement de se faire remarquer et gagna sa tente. Là, enfin, elle se laissa tomber sur sa couche et retira ses chaussures. Ses muscles noués se détendirent. Elle n'avait pas perdu la robe d'Ilma dans l'aventure, non plus que la sienne, mais toutes deux étaient sales, déchirées par endroits. Elle sentit ses yeux s'humecter de larmes. Ce n'était pas juste ! Pourquoi ne lui arrivait-il que des ennuis ? A quoi tout cela rimait ?

Elle ne pouvait répondre à ces questions. De toute manière, elle était trop fatiguée pour réfléchir. Elle enleva sa tunique et se roula en boule sous sa fourrure. Qu'elle dorme. Ensuite elle y verrait plus clair... Elle se laverait, repriserait les deux robes... Elle...

Elle plongea dans le sommeil comme dans un lac.

Zulée se tenait assise en tailleur au sommet d'une montagne. Elle était nue, et le vent fouettait son corps. Immobile, les mains posées à plat sur les cuisses, elle regardait fixement l'horizon, où se levait le soleil. Elle savait qu'elle se trouvait là depuis longtemps, mais ne parvenait pas à savoir combien de temps exactement. Elle était lasse, elle souffrait dans chacune des fibres de son corps, mais c'était dans l'ordre des choses. Elle devait souffrir. Elle devait renaître. Chaque naissance est un déchirement...

Elle reconnaissait la montagne où elle attendait que l'astre du jour inonde la plaine. C'était là que la Déesse était descendue sur la Terre. C'était là qu'elle lui avait fixé rendez-vous. Mais dans quel but ?

Les rayons de feu aveuglèrent Zulée. Elle ne détourna pas le regard, jusqu'à ce que les larmes coulent sur ses joues et que la souffrance devienne insoutenable. Alors, aveuglée par les éclairs qui vrillaient son cerveau, elle se dressa. Elle étendit les bras et s'offrit.

Le soleil la transperça. En sa chair, en son âme, la souffrance grandit encore, mais elle l'accepta sans émettre une plainte. Elle renversa la tête en arrière. Sa vue s'éclaircit. Un faucon tournait au-dessus de la montagne. Elle le suivit du regard. Il grandissait, grandissait. Et pourtant, elle n'avait pas l'impression qu'il se rapprochait du sol.

Elle comprit brusquement. C'était elle qui s'élevait dans les airs, à la rencontre de l'oiseau. Elle ne chercha pas à comprendre ce phénomène. Elle l'acceptait. Comme elle acceptait de souffrir. Elle se détachait d'elle-même. Il lui sembla qu'elle apercevait, derrière elle, le corps nu et figé de Zulée... Et puis ELLE FUT le faucon. C'était elle qui planait au-dessus de la forêt. Elle pouvait voir, très loin, la cité des Ahl-Hâkans, les villages iwins. Elle voyait même beaucoup plus loin. Elle voyait les cités des Azongahs, des Elikens, les villages troglodytes des Massans, les maisons sur pilotis des Balawahs... Tous ces peuples qu'elle ne connaissait pas, mais qu'elle reconnaissait aussitôt qu'entrevus. Elle les voyait vivre, dans leur quotidien. Ils lui apparaissaient, disparaissaient, remplacés par d'autres. Ils existaient, là, sous elle... Inconscients du danger mortel qui les menaçait tous...

Elle s'éleva encore plus haut, et vit la vague, qui rou-

lait lourdement à l'horizon. Haute comme une muraille, elle engloutissait les forêts, les collines, les plaines, les montagnes. Elle anéantissait les peuples, les effaçait de la surface du monde, les renvoyait dans le néant.

Soudain, elle se sentit plonger en direction du cataclysme. Elle voulut crier, mais aucun son humain ne sortit de sa gorge. Son cri ressembla au sifflement du faucon. Elle battit des ailes.

Ce n'était pas une vague, qui déferlait, mais une armée. Une armée comme elle n'avait jamais imaginé qu'il pût en exister. Une armée d'êtres indéfinissables, d'apparence humaine, mais si différents des peuples de la forêt qu'ils semblaient monstrueux. Ils avançaient, écrasant tout sur leur passage. Dérisoires, des peuples se dressaient contre eux, pour être aussitôt balayés, anéantis.

Des milliers de visages glacés se tournèrent vers elle, comme son vol l'amenait au-dessus de cette troupe innombrable. Zulée se sentit glacée de terreur. Pourtant, à sa grande stupéfaction, la vague s'arrêtait, piétinait sur place, refluait. Et les peuples qu'elle avait annihilés se relevaient et reprenaient les armes. Elle reculait, refluait... Zulée se rendit compte que c'était ELLE *qui brisait son élan, qui la refoulait...*

Et puis tout disparut. Le faucon s'envola en direction du soleil. Elle se retrouva assise au sommet de la montagne. Son corps ruisselait de sang. Sa chair était déchirée, ses os brisés, pourtant elle était en vie. Sa souffrance était abominable, mais la transcendait, l'élevait hors d'elle-même, comme le faucon l'avait fait, l'instant d'avant.

Le visage de la Déesse se surimposa au soleil. Zulée tendit ses pauvres mains sanglantes dans sa direction, implorant pitié.

— ILS *arrivent, Zulée, murmura alors la Déesse.* ILS *arrivent. Je les vois... Comme tu les as vus...* ILS

arrivent, et c'est toi qui les arrêteras... *TOI, ZULÉE... AU PRIX DE TA SOUFFRANCE...*

Zulée s'éveilla, trempée de sueur sur sa couche, tout son corps déchiré de la douleur de sa vision...

CHAPITRE IV

Durant trois jours, Zulée demeura cloîtrée sous sa tente, grelottante de fièvre, l'esprit hanté par son rêve. Lorsqu'elle put enfin se lever, sa tête lui tournait de faiblesse et elle mourait de faim. Elle avait espéré qu'Ilma viendrait la voir et la réconforterait. Mais sa sœur n'était pas venue. Zulée songea qu'elle devait filer le parfait amour avec son Al-Maar et l'inquiétude ajouta à ses tourments.

Sa tunique était vraiment dans un triste état, mais son estomac trop creux pour qu'elle se soucie de pudeur. Elle noua simplement un lambeau d'étoffe autour de ses reins et se traîna jusqu'aux maisons du village. Fort heureusement, elle n'avait pas perdu sa dernière once d'argent. Elle pourrait manger à sa faim !

La villageoise qui lui vendit millet, viande, fromage et fruits sembla s'étonner de son allure, mais ne lui posa aucune question. Zulée engloutit la nourriture, accroupie devant la porte de la maison, trop impatiente pour rentrer chez elle. Alors qu'elle mangeait, l'écho d'une conversation vint à ses oreilles. Deux Iwins, de retour de la forêt, discutaient. Elle dressa l'oreille. Il était question d'Azongahs qui avaient fait une incursion sur le territoire de la tribu, enlevant des femmes et tuant plusieurs hommes. On avait notamment retrouvé le corps d'un certain Makolé au beau milieu de la forêt, décapité et mutilé. Le crime était signé. Quand donc les seigneurs ahl-Hâkans se décideraient-ils à porter la guerre chez l'ennemi, pour venger l'affront fait au clan ?

— Les femmes auront été vendues comme esclaves ! gronda un des deux Iwins. On ne les retrouvera jamais !

— Ça ne compte pas ! répliqua l'autre. Ce qui est important, c'est de ramener des scalps azongahs !

Ce n'était pas exactement l'avis de Zulée, mais la jeune fille se garda bien de protester. Elle connaissait le peu de cas que les hommes faisaient des femmes et, de plus, ne tenait pas à attirer l'attention. L'important était que nul ne la soupçonnait du meurtre de ce Makolé. Son plan avait marché !

Rassérénée, l'estomac bien rempli, elle retourna chez elle et s'affaira à nettoyer ses vêtements, à les repriser et à vérifier ses armes. Tout en travaillant, elle se reprit à se poser des questions. Quel était le sens de la vision qu'elle avait eue ? La Déesse lui avait-elle réellement parlé ? Pourquoi s'était-elle identifiée à l'image d'un faucon ? Que signifiait cette vague humaine que nul, sauf elle, ne parvenait à stopper ?

Et surtout pourquoi sa vision avait-elle été associée à tant de souffrance ?

Lorsqu'elle eut enfin achevé de remettre en état robes et tunique, elle considéra son ouvrage. Elle n'avait jamais été très habile au travail de l'aiguille et du fil, mais c'était somme toute acceptable. Elle endossa sa tunique. Elle regrettait ses jambières. Il faudrait qu'elle tue un daim et s'en confectionne d'autres. En attendant, elle aurait froid aux fesses !

Elle emballa soigneusement la robe d'Ilma, plia et rangea la sienne et sortit de sa tente, son arc autour du torse, le carquois à la ceinture. Il faisait beau, elle avait envie de changer d'air, d'écouter un peu ce qui se disait dans les autres villages, à propos des Azongahs. Elle se mit en route, le pas vif.

Elle s'enfonça dans la forêt, comme à son habitude.

Alors qu'elle cheminait, songeuse, son attention fut tout à coup attirée par une multitude d'abeilles qui butinaient un champ de fleurs. Elle s'arrêta, observant les insectes. Leur vol erratique, de fleur en fleur, lui parlait. Elle s'approcha. Le vrombissement léger des abeilles résonnait dans sa tête. Elle se pencha sur un bouquet de renoncules.

— Abeilles, s'entendit-elle murmurer, êtes-vous mes amies ?

Elle se trouva ridicule de parler ainsi à des insectes. Mais ça venait du plus profond d'elle. Elle se sentait en communion avec les laborieuses bestioles. L'une d'elles s'envola lourdement de la corolle jaune et se posa sur le dos de sa main, sans la piquer. Zulée sourit. Les pattes de l'abeille étaient chargées de boules de pollen.

L'abeille s'envola, et fila en direction du couvert. Comme malgré elle, Zulée se leva et se mit à trotter pour la suivre. C'était à peine croyable. Elle distinguait nettement le minuscule insecte, dix pas devant elle, qui paraissait vouloir l'attendre, la guider. Elle se mit à courir, bondissant par-dessus les troncs abattus, les souches, les massifs de fougères.

Zulée arriva ainsi au pied d'un arbre mort. Levant la tête, elle put voir tout un nuage d'abeilles qui volaient à l'entrée d'une fissure de l'écorce.

— La ruche ! murmura-t-elle.

Son cœur battait très fort. L'abeille l'avait-elle guidée volontairement jusque-là ? C'était impossible, naturellement, mais elle en avait pourtant la certitude. Elle *sentait* l'âme des abeilles, devinait qu'elles lui voulaient du bien. Elle avait presque l'impression d'être l'une des leurs.

Il fallait qu'elle en eût le cœur net. Posant ses armes sur le sol, elle entreprit de grimper le long de l'arbre, posant délicatement ses pieds sur les moignons de branches saillant du tronc. Les abeilles s'en vinrent voler tout près d'elle. Elle retint son souffle. Si les insectes l'attaquaient, elle passerait un mauvais moment. Pourtant les abeilles ne se montraient pas agressives. Elles se posaient sur ses bras, ses cuisses nues, son visage, mais ne la piquaient pas. Mieux, il lui semblait qu'elles la caressaient.

Zulée arriva au niveau de la fissure. Les abeilles s'y pressaient par centaines. Elle put voir les gâteaux de cire et de miel, à l'intérieur de l'arbre, et sentit sa bouche s'humecter de convoitise.

— Mes sœurs, dit-elle à mi-voix, me donnerez-vous un peu de votre miel ? Je vous promets que je ne révélerai à personne le secret de votre ruche !

Les abeilles continuaient de vrombir. Lentement, elle tendit la main, l'enfonça par la fente. Des dizaines d'insectes la recouvrirent, inoffensives. Elle détacha un des précieux gâteaux. Un seul. Retira sa main.

— Merci ! Merci à vous toutes ! s'exclama-t-elle, la gorge serrée par une émotion dont elle ne comprenait pas très bien les raisons.

Elle descendit de l'arbre, s'accroupit dans l'herbe et dégusta le miel, environnée par les abeilles. Puis, sur un nouveau remerciement, elle s'en alla.

Elle retrouva le chemin à travers la forêt... et ses interrogations, auxquelles s'en ajoutait une autre : par quel prodige avait-elle pu devenir l'amie des abeilles ?

Zulée parvint enfin aux abords du village où elle avait passé son enfance. Elle n'y était pas retournée depuis plusieurs mois, et se sentit émue. Ilma l'avait souvent visitée, mais elle n'avait plus revu sa mère. Elle se rendit compte, avec un peu d'étonnement qu'elle avait hâte de la revoir. Issah lui manquait. Elle se confierait à elle, lui raconterait ses aventures. Issah ne la trahirait évidemment pas, et serait de bon conseil...

Les Iwins du village la reconnaissaient. Elle les saluait avec plus de chaleur que ses propres voisins. Mais il lui sembla qu'ils étaient gênés de la voir. Des visages se détournaient. On chuchotait sur son passage. Elle fronça les sourcils. Que se passait-il ? Est-ce que par hasard on avait des soupçons...

Elle traversa le village, en direction de la hutte où vivaient Ilma et Issah. Elle en était encore à bonne distance quand elle vit la foule qui se pressait là. Elle sentit sa peau se granuler d'effroi. Plusieurs maisons montraient des traces d'incendie. Dont celle de sa mère.

Elle se mit à courir, écartant sans ménagement les badauds. La foule murmura, s'ouvrit. Elle s'avança...

Elle s'immobilisa. Son cœur lui manquait.

Devant la porte béante de la maison à demi détruite, des villageois silencieux achevaient de disposer sur sa mère la parure des morts...

Zulée secouait lentement la tête, incapable de proférer une parole. Autour d'elle, la foule se taisait. La jeune fille était incapable de détourner son regard du corps de sa mère. Issah était nue, et elle pouvait voir les traces de coups de poignards sur son corps. On l'avait frappée à la poitrine, au ventre et sa gorge était tranchée. Les yeux grands ouverts, elle semblait fixer le ciel.

Un homme apparut à la porte de la hutte. Il était très grand, très maigre, vêtu d'un pagne, mais le torse couvert de tatouages et de scarifications. Son visage disparaissait sous un masque de bois que surmontait un crâne de buffle orné de ses cornes, et il agitait dans ses mains des crécelles auxquelles pendaient des amulettes d'os. Zulée connaissait et redoutait cet homme. C'était le chaman du village.

— Approche, fille, dit le personnage, d'une voix étouffée par son masque.

Zulée fit deux pas, les jambes molles. Les aides du chaman s'écartèrent. Ils avaient allongé le corps d'Issah sur une fourrure peinte, et tracé sur son front les signes de la Seconde Vie. Ils se mirent à psalmodier des prières tandis que la jeune Iwin s'agenouillait auprès du corps de sa mère.

Zulée ne pleurait pas. Les Iwins pleuraient rarement, et les Ahl-Hâkans moins encore. Mais le vide lui déchirait l'âme, mêlé à une sensation d'hébétude. Son esprit se refusait à admettre ce que ses yeux lui montraient. Qui... qui pouvait avoir commis cette abomination ?

Comme s'il avait deviné ses pensées, le chaman murmura :

— Les Azongahs sont venus il y a deux nuits. Ils ont frappé avec la brutalité de la tempête...

Zulée releva la tête, fixa les traits lisses sculptés dans le bois. Deux nuits plus tôt...

— Nous n'avons pas eu le temps d'intervenir, continua le chaman. Ils ont brûlé ces maisons, tué...

Revenant à la lucidité, Zulée se dressa d'un bond.

— Ilma ! s'écria-t-elle.

Elle se précipita à l'intérieur de la maison ruinée, bousculant le chaman au passage. Elle jeta un bref regard circulaire. Le feu avait tout détruit des pauvres richesses de sa mère.

— Ilma ! appela-t-elle. Est-ce que...

La main du chaman se posa sur son épaule. Elle se retourna brutalement.

— Est-elle...

Le masque était penché sur elle et lui semblait presque compatissant.

— Ta sœur n'est pas morte. Les Azongahs l'ont enlevée.

Zulée ouvrit la bouche, mais ne put articuler un seul mot.

— Alors que nous accourions, poursuivit le sorcier, nous avons vu les Azongahs qui s'enfuyaient au galop sur leurs chevaux. Ils emmenaient plusieurs femmes et enfants. Ta sœur était parmi eux...

Un sanglot monta dans la poitrine de Zulée. La jeune

fille joignit ses mains devant ses lèvres. Elle frissonnait. Le chaman l'observait en silence. Un long moment passa.

— Il est bon que tu sois venue, dit enfin le sorcier. Tu dois assister au rite funéraire de ta mère. Ensuite, nous parlerons.

Zulée leva la main et, de sa paume, essuya l'unique larme qui coulait sur sa joue.

— Oui, dit-elle sourdement. Nous parlerons...

Les cérémonies mortuaires, chez les Iwins, étaient très simples, mais empreintes de recueillement. Alors que le chaman invoquait la Déesse, ses aides achevèrent de parer Issah, puis l'enveloppèrent dans la couverture sacrée. Après quoi, la morte fut déposée sur un travois et tirée à bras d'homme jusqu'à l'enceinte où une fosse avait été creusée. Zulée marchait au premier rang de ceux qui avaient choisi d'accompagner sa mère jusqu'à son Lieu d'Oubli. Son visage était dur, et elle avait dénoué ses cheveux en signe de deuil. Alors que les aides faisaient glisser le corps de la morte dans la fosse, elle tira son poignard et lacéra sa tunique, la réduisant en lambeaux. Puis elle coupa de longues mèches de sa crinière et les joignit à la terre qui, pelletée par pelletée, recouvrait Issah. En guenilles, elle se tourna vers la petite foule qui l'observait avec gravité.

— Issah, retourne dans le Sein de la Déesse, clama-t-elle. Moi, Zulée, sa fille aînée, bénis son souvenir... Elle ne possédait que peu de choses, et l'incendie en a encore abîmé... Mais ce qu'il reste vous appartient à tous. Partagez-vous-le !

La foule murmura, non pas tant par satisfaction, car il était vrai que la morte était pauvre, mais pour marquer qu'elle appréciait le geste de la jeune fille. Zulée leva le poing.

— Je jure que je ne serai pas en repos tant que je

n'aurai pas vengé ma mère et ramené ma sœur en ce village ! Les démons me foudroient si je faillis !

Elle brandit son poignard et, serrant les dents, se traça une longue balafre d'une clavicule à l'autre. Son sang coula sur ses seins.

— Par ce sang, haleta-t-elle, que s'accomplisse mon serment !

La foule s'était tue, impressionnée par sa détermination. Il arrivait parfois qu'un guerrier ahl-Hâkan prononce ce genre de souhait avant de partir au combat — où il se montrait alors le plus féroce combattant — mais chez les Iwins, c'était infiniment plus rare, et que ce soit une femme, plus rare encore !

Zulée rengaina son poignard et acheva de se dépouiller de sa tunique en haillons. Nue et sanglante, elle se tourna vers le chaman, quêta son regard derrière le masque.

— Viens avec moi, Zulée, dit le mage.

Le chaman habitait une hutte un peu à l'écart des autres. Il n'y fit pas pénétrer Zulée, mais lui enjoignit de s'accroupir devant la porte. La jeune fille obéit. Il rentra chez lui, en ressortit portant une jarre d'eau, des onguents, un linge et un pagne. Il déposa le tout devant Zulée. Sans rien dire, il s'accroupit à son tour. Il avait enlevé son masque. Son visage émacié, semé de rides, respirait une grande sérénité. Ses yeux n'exprimaient rien, mais ne perdirent aucun des gestes de Zulée pendant que la jeune fille se lavait, pensait sa blessure et, faute de mieux, nouait le pagne sur ses reins.

— Quel trouble habite ton cœur ? demanda-t-il lorsqu'elle en eut terminé.

Zulée ne chercha pas à biaiser.

— Chaman, dit-elle, j'ai posé la main sur une Pierre de Lumière !

Ce fut tout juste si le sorcier haussa un sourcil.

— Raconte-moi cela, ordonna-t-il.

Zulée parla longtemps, sans rien cacher au Saint-Homme, pas plus le meurtre qu'elle avait commis que la vision qu'elle avait eue, ou l'incident avec les abeilles. Le chaman l'écouta avec attention, mais sans que son impassibilité en soit à aucun moment altérée. Lorsque Zulée se tut enfin, elle avait soif d'avoir prononcé autant de mots, elle qui restait souvent une journée ou plus muette.

Il eut un long silence.

— Peux-tu m'éclairer chaman? implora Zulée, voyant que le sorcier demeurait perdu dans ses pensées. Que m'arrive-t-il?

Pour toute réponse, le chaman se dressa.

— Entre chez moi, dit-il.

Zulée se leva, très étonnée. Qui pouvait se vanter d'être jamais entré chez un chaman? Aucune femme, en tout cas!

L'intérieur du sorcier était à tel point nu, austère, que Zulée en demeura saisie. Il n'y avait rien, pas même une couche. Le chaman devait dormir à même le sol, dans une pénombre qui confinait à l'obscurité.

— Assieds-toi ici, dit le sorcier, montrant un angle de la pièce minuscule.

Zulée s'empressa d'obéir. Le chaman battit le briquet et alluma un feu au centre de sa case. Les ténèbres reculèrent et Zulée vit qu'elle s'était trompée. Il y avait quelque chose, contre le mur de lattis : un coffre de vannerie.

Ce fut précisément dans ce coffre que le chaman prit un pot de terre cuite. Il vint s'accroupir devant le feu, plongea la main dans le pot et projeta dans les flammes une poudre dorée. Aussitôt une fumée épaisse monta des flammes, tandis qu'une odeur irritante envahissait l'atmosphère confinée. Zulée cligna des yeux, se retenant de tousser.

Le chaman fixait flammes et fumée, sans paraître

incommodé le moins du monde. Au bout d'un long moment, il étendit ses bras décharnés.

— Femme, psalmodia-t-il, tu vas naître une seconde fois. Tel ce faucon qui t'est apparu, tu vas prendre ton essor... Mais cette nouvelle naissance te sera source de grands tourments... Ton destin sera douloureux... La Déesse t'a élue. Tu accompliras ce qu'elle attend de toi !

Zulée écoutait, la bouche sèche. Le chaman fixa ses yeux sur elle. Mais elle eut l'impression qu'il voyait bien au-delà de sa personne.

— Ta vie sera toujours mêlée à l'ombre de la mort. La violence et le sang seront ton lot. Mais tu t'élèveras plus haut qu'aucun Ahl-Hâkan... Qu'aucun homme, aucune femme d'aucune tribu... Il ne te sera plus permis de t'appartenir... Et tu affronteras les plus redoutables des ennemis, pour le salut de l'humanité tout entière.

Le sorcier se tut. Les flammes baissèrent, la fumée se dissipa. Zulée ne bougeait pas. Les épaules affaissées, elle demeurait assommée par les prédictions du mage. Elle avait envie de crier, de protester, de s'enfuir. Mais à quoi bon ? S'il était vrai que la Déesse l'avait choisie, comment pourrait-elle se dérober ?

Elle releva la tête.

— Quel est cet ennemi, chaman ? demanda-t-elle.

Le vieil homme secoua la tête.

— Je ne peux t'en dire plus...

— Mais le sais-tu, au moins ?

— Je ne sais que ce que la fumée sacrée veut bien me montrer. Je t'ai tout dit.

— Que dois-je faire ?

Le chaman ne répondit pas. Son visage était lointain, figé. Zulée comprit qu'il ne lui dirait plus rien. Alors, sans rien ajouter elle-même, elle se leva et sortit de la hutte.

A l'extérieur, l'éclat du soleil l'éblouit. Elle se rendit

compte qu'une petite foule d'Iwins l'observait avec gravité. Se posaient-ils autant de questions qu'elle ? Son sac, qui contenait sa belle robe et celle d'Ilma étaient restés là où elle l'avait posé, avec ses armes. Elle le ramassa, l'ouvrit, saisit les robes, se dirigea vers l'assistance.

— Pour toi, dit-elle à une adolescente en lui tendant la robe destinée à sa sœur. Et pour toi, ajouta-t-elle en donnant la sienne à une jeune femme qui portait un bébé.

Les deux femmes acceptèrent les présents avec une stupeur émerveillée. Zulée se dépouilla de son pagne, de ses mocassins et les distribua également. Lorsqu'elle se retrouva entièrement nue, elle saisit ses armes et s'éloigna.

Elle quitta le village sans se retourner...

Zulée rentra chez elle, en son village, et s'enferma sous sa tente. Elle se laissa tomber sur sa couche, se pelotonnant en position foetale, et des larmes se mirent à couler sur son visage, sans pourtant qu'elle émette un sanglot. Elle se sentait couler au fond du désespoir, mais refusait de s'apitoyer sur elle-même. La Déesse l'avait choisie, elle ne savait pas encore pour quoi, sa mère était morte, sa sœur avait été enlevée, et le chaman lui avait révélé que son avenir serait tourmenté. Soit... Nul ne pouvait échapper à son destin. Elle assumerait le sien avec courage.

En premier lieu, elle remplirait son serment : retrouver Ilma et la délivrer. Elle sortit de sa torpeur et se mit à réfléchir. Les Azongahs étaient venus deux nuits plus tôt. Leur territoire se trouvait à plus d'une semaine de marche. Elle pouvait encore les rattraper, pourvu qu'elle monte un bon cheval. Ensuite... Elle ne savait pas ce qui se passerait. Mais une telle détermination bouillonnait en elle qu'elle se sentait capable de défier toute une troupe de pillards.

Seulement elle n'avait pas de cheval. Rares étaient les Iwins qui en possédaient. Un cheval coûtait très cher. C'était les Ahl-Hâkans qui en ramenaient de leurs expéditions hors de leur territoire.

Zulée haussa les épaules. Si les Ahl-Hâkans possédaient des chevaux, il suffisait qu'elle leur en vole un... et ne se fasse pas prendre. Elle avait déjà commis un meurtre. Un vol ne lui faisait pas peur !

Rassérénée par sa décision, Zulée se leva et emballa rapidement ses quelques réserves de nourriture Un problème se posait. Elle n'avait plus de vêtements et ne sentait guère l'envie de partir en expédition toute nue. Elle haussa les épaules, soupira et, dégainant son poignard, tailla dans sa couverture de fourrure, de façon à en confectionner une sorte de poncho qu'elle enfila et noua autour de sa taille. C'était rustique, mais cela la protégerait des intempéries. Et puis, au hasard de ses pérégrinations, peut-être trouverait-elle quelque tunique à voler !

Elle sortit de chez elle, jeta un regard en direction du village. Pourquoi avait-elle l'impression qu'on l'observait ? C'était peut-être vrai, peut-être faux. Ça n'avait plus guère d'importance. Elle se sentait très loin de ces hommes et de ces femmes près de qui elle avait passé toute une année.

Elle assura ses armes sur ses épaules, se dirigea vers la première hutte, claqua poliment de ses mains pour prévenir qu'elle était là. Un homme apparut, darda sur elle un coup d'œil méfiant.

— Je pars, dit Zulée. Je n'ai plus besoin de ma tente et de mon mobilier. Prends-les si tu veux...

Elle n'attendit pas la réponse, fit demi-tour et s'éloigna.

CHAPITRE V

Zulée se rendit aux abords de la ville, mais évita la place du marché. Elle fit semblant de flâner au milieu des Iwins qui se pressaient là. En réalité, elle observait les troupeaux de chevaux, dans les corrals, et les allées et venues de ceux qui les gardaient. C'était en général de jeunes Iwins, et ils semblaient plus préoccupés de leurs jeux que des animaux en train de paître.

Errant de-ci de-là, Zulée apprit incidemment une nouvelle : une troupe d'Ahl-Hâkans était partie quelques heures plus tôt, à la poursuite des Azongahs. Non que les seigneurs se préoccupassent de quelques réprouvés enlevés et promis à l'esclavage, mais ils ne pouvaient tolérer l'incursion de leurs ennemis héréditaires sur leur territoire !

Cela contraria Zulée, sans que la jeune fille sache au juste pourquoi. Sa vengeance lui appartenait. Les Ahl-Hâkans n'avaient pas à s'en mêler. Il fallait qu'elle se dépêche et prenne des risques. Le soleil descendait sur l'horizon, les ombres s'allongeaient. Un des corrals jouxtait la forêt. Elle s'en approcha, d'un pas traînant, inspectant le sol comme si elle recherchait des pieds d'animaux sauvages. Lorsqu'elle fut à proximité du couvert, elle s'y fondit et, se tapissant sous les buissons, elle attendit. Son impatience grandit à mesure que s'avançait le crépuscule. Il fit enfin noir. La plupart des Iwins étaient rentrés chez eux. Seuls demeuraient quelques gardes, encore ne se trouvaient-ils pas dans les environs immédiats. Zulée se décida et sortit en rampant de sous les buissons. Elle bénit le fait d'être vêtue d'une fourrure d'aurochs qui dissimulait en partie son odeur humaine et ne donnerait pas l'alerte aux chevaux. Ayant pu observer le troupeau tout à loisir, elle avait jeté son dévolu sur un poney de couleur isabelle, avec trois balsanes et une étoile blanche sur le front. Arrivée contre la clôture à claire-voie, elle le chercha du regard, le découvrit, occupé à paître à une vingtaine de pas. Elle fouilla dans son sac, en sortit une lanière de cuir dont elle confectionna une longe. Puis, sans hésiter, elle se glissa à l'intérieur de l'enclos.

Le vol de chevaux était un art, chez les peuples de la forêt et de la plaine et même si elle ne l'avait jamais pratiqué, Zulée l'avait dans le sang. Elle s'avança lentement vers les bêtes, chantonnant une petite mélopée monotone, destinée à calmer leur inquiétude. De fait, plusieurs chevaux levèrent nerveusement la tête et piaffèrent, mais ils ne tardèrent pas à se remettre à paître. Zulée se mêla à eux, progressant toujours aussi lentement, caressant au passage une croupe, une encolure, chantant toujours sa petite chanson.

Elle arriva ainsi près du poney. Restant à deux pas de lui, elle prit une boulette de pain dur, dans son sac, et la tendit. Le cheval allongea l'encolure, flairant la friandise.

— Oui... Mange... murmura Zulée. C'est pour toi.

Le cheval prit le pain. Zulée en profita pour lui passer la longe autour du cou. L'animal eut un frémissement, mais ne se déroba pas. Elle entreprit de le caresser, de le gratter le long de l'encolure, autour des oreilles. Le cheval se laissait faire, paisible. Doucement, Zulée le tira par la longe. Il la suivit docilement. Avec un sentiment de victoire, la jeune fille l'amena près de la clôture. Elle en fit glisser un des rondins.

Elle franchit la barrière. Le cheval renâcla quelque peu, jetant des regards inquiets en direction de ses congénères. Zulée lui présenta une seconde boule de bain. Il s'apaisa et lui obéit lorsqu'elle le fit sortir. Elle remit le rondin en place. C'était fait ! Elle avait un cheval !

Malgré l'exaltation qui lui gonflait la poitrine, elle se força au calme et, le plus discrètement possible, tira le poney en direction des bois. A présent séparé du reste du troupeau, l'animal la suivait sans faire de difficulté. C'était heureux. Il n'aurait plus manqué qu'il se mette à hennir et alerte les gardes — qui gardaient bien mal. Zulée n'aurait pas aimé devoir en tuer un d'une flèche.

Enfin, la cité des Ahl-Hâkans disparut derrière un repli de terrain. Zulée soupira profondément. Elle arrangea la longe de façon à en faire un bridon sommaire qu'elle passa autour de la tête de son cheval. Puis elle lui chargea son sac sur le garrot et, d'un bond, sauta sur son dos. Le poney piaffa, amorça un écart. Elle serra les cuisses autour de ses flancs.

— Du calme, apaisa-t-elle l'animal. On s'en va, tous les deux !

Elle talonna le poney. L'animal lui obéit, se dirigeant au petit trot vers la route qui menait à la plaine lointaine...

Zulée chevaucha toute la nuit, sans forcer sa monture, mais sans s'arrêter. Lorsque le jour se leva, elle estima qu'elle se trouvait bien à cinq ou six lieues de la cité des Ahl-Hâkans. On ne risquait plus de la poursuivre. Mais il n'était pas encore question de se reposer.

Elle suivait la route traversant le territoire de sa tribu. Les Azongahs vivaient au nord-ouest. Ils avaient certainement suivi cette route, après leur raid, et les guerriers lancés à leur poursuite également. Zulée mit pied à terre et s'agenouilla pour examiner le sol. Elle ne tarda pas à repérer les traces du passage d'une troupe de cavaliers. Évidemment... Lancés à la poursuite des Azongahs, les Ahl-Hâkans ne se préoccupaient que de rapidité. Pourquoi auraient-ils perdu du temps à camoufler leur piste ?

Cela arrangeait bien Zulée. Elle non plus ne perdrait pas de temps. Il lui suffisait de suivre tout ce joli monde.

Mais lorsqu'elle l'aurait rattrapé, ce joli monde, que ferait-elle ? Elle n'avait aucun plan précis, et n'était pas assez candide pour imaginer qu'à elle seule, elle pourrait vaincre une troupe de guerriers. Mais il ne lui était pas interdit de rêver.

— On y va, mon joli ! dit-elle à son poney. Tu vas me montrer ce que tu vaux !

***

Le guerrier azongah s'approcha des prisonniers et leur jeta un morceau de viande séchée et une boule de pain. Les enfants gémirent et firent mine de se précipiter sur la nourriture.

— Attendez !

La voix d'Ilma avait claqué, et les petits s'immobilisèrent. Le guerrier contemplait la scène, un sourire sur ses lèvres minces. Ilma le défia du regard, mais il ne sembla pas s'en offusquer. La jeune fille se dressa et saisit la viande et le pain. Les enfants la contemplaient avec des yeux hallucinés. Ils crevaient de faim, tout comme elle. Depuis qu'ils les avaient enlevés, les Azongahs ne leur avaient donné ni à boire ni à manger. Ils chevauchaient jour et nuit, traînant derrière eux leurs captifs, attachés tous ensemble par une longe qui leur entourait le cou, et les fouettant dès qu'ils tiraient la jambe. Avec un tel traitement, il n'était pas étonnant que six des enfants soient morts d'épuisement. Seuls les plus forts pouvaient survivre. Ils feraient de bons esclaves !

Alors que ses compagnons gémissaient de convoitise, Ilma partagea la viande et le pain. Ils n'étaient plus que neuf : cinq garçonnets et quatre fillettes, ça ne ferait pas beaucoup pour chacun, mais c'était tout de même mieux que l'herbe qu'ils arrachaient au hasard de leur marche, et qui ne parvenait pas à tromper leurs crampes d'estomac.

Ilma était la plus âgée du groupe et, tout naturellement, en avait pris le commandement. Au début, les enfants pleuraient beaucoup, criaient, se lamentaient. Elle les avait consolés, les houspillant parfois, prenant les plus petits sur son dos lorsqu'ils étaient trop fatigués, essayant de leur insuffler un courage qu'elle avait ignoré, jusque-là, avoir en elle. A présent, ses compagnons de misère lui obéissaient, la considérant comme une grande sœur ou comme la mère qu'ils avaient perdue.

Ilma distribua la nourriture.

— Mangez lentement ! ordonna-t-elle. Sinon vous aurez encore plus faim après !

Elle s'accroupit et mordit dans son pain. Le guerrier azongah l'observait toujours. Elle frissonna. Elle était nue, comme les autres enfants. Les Azongahs leur avaient arraché leurs pagnes. Lorsque cela s'était produit, Ilma avait pensé que leurs ravisseurs allaient les violer, au moins les plus âgés d'entre eux. Mais elle se trompait. Les Azongahs s'étaient contentés de les palper sous toutes les coutures, de leur examiner les dents, de vérifier s'ils n'avaient pas quelque bobo. Ce n'était peut-être que reculer pour mieux sauter. Lorsqu'ils auraient le temps...

Tout en grignotant sa viande et son pain, Ilma surveillait ses ravisseurs. Les Azongahs n'avaient pas allumé de feu : ils se trouvaient toujours en territoire ennemi, malgré leur fuite — effrénée. Ils n'avaient même pas dessellé leurs chevaux, et si certains s'étaient allongés sur le sol pour dormir, les autres montaient la garde, scrutant la nuit. Un peu plus tôt, le gros de la troupe avait obliqué vers le nord, accrochant des branchages à la queue des chevaux, alors que trois guerriers continuaient en direction de l'ouest, route qu'ils avaient suivie jusqu'alors. Ilma avait compris qu'ils cherchaient à tromper d'éventuels poursuivants. S'ils n'avaient pas pris beaucoup de précautions pour brouiller leur piste, c'était à dessein. A présent, il allait en être autrement.

Alors, prenant bien garde à ce qu'aucun des guerriers ne s'en aperçoive, elle s'était mise à semer des indices...

Ilma était bien sûre que les Ahl-Hâkans les suivaient. Ils ne pouvaient laisser impuni un tel raid de pillage. Elle s'était arrangée pour abandonner une mèche de cheveux sur un buisson, pour retourner un caillou du bout du pied, ou briser l'extrémité de quelque rameau. Lors d'une brève halte, alors que les Azongahs regardaient ailleurs, elle s'était accroupie pour se soulager... Rien de tout ça n'échapperait aux Ahl-Hâkans en chasse. Elle l'espérait du moins...

L'Azongah la dévisageait toujours, et elle commençait à se sentir mal à l'aise. L'homme lui faisait peur. Il était grand, jeune, le crâne rasé à la mode de sa tribu, deux mèches lui pendant en avant des oreilles. Ses joues arboraient deux tatouages éclatants et son torse, ses avant-bras et ses cuisses étaient peints en guerre. Il portait un pagne de cuir, pour le reste, il était nu, mais ses armes pendaient à son ceinturon : poignard, casse-tête, épée, et son allure montrait qu'il était fier de son statut de combattant. Ilma aurait pu le trouver beau, s'il n'avait pas été son ennemi.

Tout à coup, l'homme tendit un doigt dans sa direction, et prononça plusieurs mots d'un ton autoritaire. Ilma ne comprit pas, mais un des gardes s'approcha et défit le nœud coulant qu'elle avait autour du cou. Puis il la saisit par l'épaule, la fit se relever sans douceur et la propulsa vers le guerrier. L'Azongah la reçut contre lui avec un grognement de satisfaction. Ilma retint son souffle. Leurs ravisseurs avaient le temps, à présent. L'homme allait-il finalement la violer ?

L'Azongah la saisit par les cheveux et la tira derrière lui jusqu'au groupe de ses frères. Il la força à s'agenouiller et se remit à parler, appuyant ses propos de grands gestes du bras.

L'un des guerriers, plus âgé que les autres, semblait écouter avec attention. Lorsque l'Azongah se tut, il hocha plusieurs fois la tête, puis se tourna vers l'assistance et murmura quelques mots de façon interrogative. Les guerriers répondirent brièvement, et l'homme fit un signe de la main. L'Azongah fit se relever Ilma et la poussa vers lui.

Le personnage observa longuement la jeune fille, puis, tendant la main, lui pinça le gras des cuisses, les seins et les mollets. Il hocha enfin la tête, et l'ensemble des guerriers approuva. Alors le grand Azongah la reprit par le bras.

— Toi m'appartenir, dit-il laborieusement, en langage ahl-Hâkan. Toi... donnée à moi par chef... Mon nom : Tu-aha-eh... Toi pas oublier, sinon moi te battre !

Ilma considérait le dur visage d'oiseau de proie penché sur elle. Sa bouche s'était desséchée.

— Épouse Tu-aha-eh tuée par Ahl-Hâkans, continua le guerrier. Moi haïr Ahl-Hâkans ! Toi dédommagement ! Esclave Tu-aha-eh... Nom de toi ?

— Ilma, répondit la jeune fille d'une toute petite voix.

— Ilma esclave Tu-aha-eh... Ilma pas oublier !

Tu-aha-eh lui serrait si fort le bras qu'elle en grimaçait de douleur. Mais Ilma ne voulait pas émettre le moindre gémissement. Elle acquiesça.

— Je... je n'oublierai pas...

Tu-aha-eh dégaina le long coutelas qui lui battait le flanc.

— Si toi essaies de fuir, moi te rattraper et couper jarret... Toi te traîner comme larve !

Ilma loucha sur la longue lame. Elle n'avait aucun doute sur la détermination du guerrier.

— Je... je ne fuirai pas... haleta-t-elle.

— Sagesse !

Tu-aha-eh la lâcha, la fit pirouetter sur elle-même et lui claqua son derrière nu du plat de la main, tandis que l'assistance éclatait de rire.

— Toi retourner t'occuper des enfants !

Heureuse de s'en tirer à si bon compte, Ilma rejoignit les petits. Elle jeta un regard vers Tu-aha-eh. L'Azongah ne s'occupait plus d'elle, et discourait avec ses compagnons. Elle haussa les épaules.

*
**

Le poney isabelle était une bonne monture, et Zulée se félicitait pour l'excellence de son choix. Infatigable, il abattait lieue après lieue, répondant docilement à ses ordres. Zulée appréciait son ample et confortable galop. Elle sentait monter en elle, pour cet animal, une affection qu'elle n'avait que rarement éprouvée pour des êtres humains.

Elle suivait toujours les traces des Ahl-Hâkans et, à divers indices, se rendait compte qu'elle les rattrapait. La piste était de plus en plus fraîche. Au matin du quatrième jour de poursuite, elle découvrit un foyer. Les braises fumaient encore. Elle les considéra, songeuse. Tout cela lui apparaissait un peu trop facile.

Méfiante, Zulée ralentit l'allure, penchée sur l'encolure de son cheval, elle se mit à surveiller non pas la piste, mais ses abords. Au bout d'une heure de chevauchée, après qu'elle eut plusieurs fois mis pied à terre pour se pencher sur telle ou telle trace qui lui semblait suspecte, un étrange phénomène se produisit. Zulée *sut* qu'elle faisait fausse route. Elle s'arrêta et regarda tout autour d'elle, désorientée. D'où lui venait donc cette certitude ? A ses pieds, les marques de sabots étaient toujours aussi visibles dans le sol meuble. Les Ahl-Hâkans ne devaient plus avoir qu'une heure ou deux d'avance sur elle, et continuaient leur poursuite sans marquer d'hésitation. Pourtant ils se trompaient... Ils ne talonnaient plus que des fantômes !

Zulée se gratta le crâne. Comment savait-elle qu'ils se trompaient de chemin ? Ce n'était pas simplement de l'intuition. Dans sa tête, une voix lui criait qu'elle ne devait pas aller plus loin, que sa sœur ne se trouvait pas devant elle.

Interdite, Zulée s'efforça d'analyser cette obscure perception. Elle revécut ce qui s'était passé lorsqu'elle avait posé sa main sur la Pierre de Lumière. Se pourrait-il que son geste lui eût conféré quelque extraordinaire pouvoir ? Elle avait eu une vision, les abeilles ne l'avaient pas attaquée. Et à présent... C'était comme si un chemin s'ouvrait devant ses pas, au milieu de la forêt, invisible pour tous autres yeux que les siens !

Zulée ne chercha pas à raisonner, encore moins à comprendre. Si la Déesse lui parlait, elle devait l'écouter. Tirant son cheval par sa bride, elle quitta la piste et s'enfonça parmi les broussailles, observant chaque branche, chaque rameau, chaque épine.

Et c'est ainsi qu'elle découvrit, au bout d'une centaine de pas, une mèche de cheveux noirs accrochée à une ronce..

Elle tendit la main, saisit les cheveux, les froissa entre ses doigts. Ç'aurait pu être les cheveux de n'importe qui. Mais Zulée savait que ce n'était pas le cas. Elle leva la tête. Elle pouvait *voir* Ilma... Sa sœur avançait, précédant un petit groupe d'enfants. Les Azongahs les forçaient à courir vite, les fouettant de lanières de cuir. Ilma faisait semblant de trébucher, s'affalait au pied du roncier. Un Azongah l'injuriait. Elle se relevait, accrochant son crâne aux épines, y laissant sa mèche de cheveux. Le fouet s'abattait sur ses épaules. Elle criait de douleur mais, en même temps, un sourire sarcastique se peignait sur ses lèvres...

— Bien joué ! souffla Zulée.

La vision s'était effacée, mais ça ne lui importait pas. Elle savait, à présent, qu'elle ne se trompait pas. Elle regarda le ciel. L'esprit du faucon la pénétrait. Elle volait au-dessus de la plaine. Les Azongahs avaient obliqué vers le nord, coupant au plus court pour rentrer chez eux. Ils avaient égaré les Ahl-Hâkans. Mais ils ne l'égareraient pas, elle !

Elle bondit sur le dos de son poney et le lança au galop à travers les taillis...

A diverses reprises, Zulée eut la vision d'Ilma. A chaque fois, sa sœur semait un indice derrière elle, et elle le retrouvait. Elle la vit même s'accroupir et, de fait, découvrit un excrément humain au milieu de hautes herbes. Il n'avait pas eu le temps de se dessécher. Les Azongahs étaient tout proches.

Alors Zulée ralentit l'allure. Il ne s'agissait pas qu'elle surgisse devant les pillards. Elle était seule et ne se voyait pas affronter une troupe ennemie. Elle devait établir un plan. Peut-être lui serait-il possible, à la faveur de la nuit, de s'approcher du camp azongah et de délivrer sa sœur. C'était risqué, mais ce qu'elle avait réussi pour voler un cheval, elle pouvait le refaire pour libérer Ilma.

Redoublant de précautions, Zulée continua sa poursuite. Elle ne s'était jamais aventurée si loin de la cité des Ahl-Hâkans. Le paysage n'était plus celui qu'elle connaissait. La grande forêt avait fait place à des espaces ouverts, des prairies et des vallées semées de bosquets denses, et les ruisseaux étaient nombreux, encaissés, coupés de rapides. Des bouleaux et des saules les bordaient, et des nuées d'oiseaux s'envolaient à son passage. Ce devait être un lieu idéal pour la chasse. Zulée aurait aimé vivre ici, mais c'était vraiment trop près de chez les Azongahs...

La nuit tomba alors qu'elle se trouvait au cœur d'une

région de collines boisées séparées par de profonds défilés. La piste qu'elle suivait devint de plus en plus difficile à distinguer, mais son étrange perception continuait de la guider, et Zulée ne fit pas halte. Elle sentait qu'Ilma était toute proche...

Soudain, alors qu'elle franchissait une crête, Zulée aperçut, devant elle, un point lumineux. Elle retint son cheval, fixant la lueur vacillante tranchant sur le fond des ténèbres. C'était les Azongahs ! Ils avaient allumé un feu. Cela voulait dire qu'ils se sentaient en sécurité, qu'ils étaient rentrés chez eux, sur leur territoire.

L'instant de vérité était arrivé !

CHAPITRE VI

Zulée attendit que la nuit fût bien avancée pour se rapprocher du camp des guerriers azongahs. Abandonnant son cheval, elle se glissa parmi les fourrés. La lune s'était levée, mais des bandes nuageuses couraient dans le ciel, la masquant par moments, et elle en profitait pour allonger le pas. Quand il faisait trop clair, elle se dissimulait derrière les taillis.

Elle arriva ainsi aux abords du bivouac ennemi. Elle se mit à ramper sur les genoux et les coudes, prenant bien garde à ne briser aucune branche morte, à ne faire rouler aucun caillou. Avec mille précautions, elle se coula sous un épineux et découvrit enfin ceux qu'elle pistait depuis tous ces jours.

Elle fit une petite grimace. Les Azongahs étaient une bonne trentaine, ce qui lui sembla beaucoup pour une jeune fille seule. De plus, ils avaient disposé leurs sentinelles de façon à couvrir tous les abords de leur camp. Enfin, deux d'entre eux montaient la garde auprès des prisonniers entravés.

Le cœur de Zulée s'accéléra. Elle venait de voir Ilma. Sa sœur était nue, une longe passée autour du cou, et semblait s'occuper des petits qui l'entouraient. Zulée ne pouvait distinguer ses traits, dans l'obscurité, mais elle captait les pensées de la fillette. Ilma se demandait si les Ahl-Hâkans arriveraient bientôt pour les délivrer, s'ils n'avaient pas perdu leur piste. Elle avait peur. Elle retenait ses larmes...

Troublée, Zulée détourna un instant son regard du camp azongah. C'était un mystère de plus. Comment pouvait-elle aussi bien deviner ce que pensait sa sœur ? Elle avait l'impression que la petite lui parlait, les mots résonnaient dans sa tête. Bien sûr, il n'était pas très compliqué de deviner qu'Ilma était en proie à de la détresse. Quel prisonnier des Azongah n'eût pas été désespéré ? Mais comment pouvait-elle savoir qu'en ce moment précis, Ilma songeait au guerrier à qui le chef l'avait offerte, et qu'elle espérait qu'il ne lui ferait pas trop mal, quand il se déciderait à la posséder ?

Zulée sut même de *quel* guerrier il s'agissait. Elle le fixa, de sa cachette. Il était grand, le visage impérieux, et tendait à son voisin une calebasse emplie d'eau...

Perplexe, Zulée recula. Lorsqu'elle s'estima hors de vue des Azongahs, elle se releva et rejoignit son cheval. Elle fouilla dans son sac, en tira un reste d'un lapin tué la veille et se mit à manger. Que pouvait-elle faire ? Attaquer les Azongahs aurait été suicidaire. Tenter de libérer Ilma de même. Les prisonniers étaient trop bien gardés. Renoncer... C'était hors de question...

Durant de longues minutes, Zulée s'efforça de passer en revue divers plans, qu'elle rejeta tous, car irréalisables. Elle en était arrivée à envisager de mettre le feu à la prairie et de tenter d'en profiter pour enlever Ilma au grand galop de son cheval lorsqu'il lui sembla que son esprit se dédoublait, qu'elle voyait *au-delà* d'elle-même, et surtout *au-delà* de l'instant qu'elle vivait. Elle distinguait, dans ses pensées, une immense cité, peuplée de créatures qu'elle ne voyait pas, mais qui se pressaient les unes les autres, en de fiévreux mouvements. Elle se trouvait au milieu d'eux, et elle avait un rôle à tenir... Puis sa vision changeait. Elle chevauchait à la tête d'une horde de guerriers. Elle invoquait la Déesse. Elle chantait une incantation... Et la vague, loin devant elle, approchait. Cette vague qu'elle seule pouvait détourner de son but...

Lorsque Zulée s'éveilla en sursaut, une lointaine lueur, à l'orient, annonçait l'aube. La jeune fille cligna des yeux, hébétée. Avait-elle dormi ? Sa fatigue, la lassitude qui habitait chacun de ses muscles, lui criaient que non. Elle avait encore vécu une transe. Elle avait eu une vision. Elle essaya de se la remémorer. En vain. Ses pensées ne s'ordonnaient pas comme elle voulait. Elle songea à la Déesse. La divinité l'avait-elle habitée, possédée ?

Zulée se dressa. Tout à coup, comme elle avait vu Ilma, la veille, semant derrière elle les indices lui permettant de la suivre, elle vit le camp des Azongahs. Ce n'était bien sûr qu'une image. Elle se trouvait trop éloignée des pillards pour seulement distinguer leur feu. Pourtant ils étaient là, sous ses yeux, emmitouflés dans leurs couvertures, sous la garde des sentinelles. Leurs chevaux attendaient, attachés à une longe. Un peu plus loin, les prisonniers dormaient, serrés les uns contre les autres pour se donner un peu de chaleur.

Elle-même, Zulée, se tenait là, immobile...

Alors elle sut ce qu'elle devait faire...

Très calme, Zulée disposa son sac sur l'encolure de son cheval, y accrocha ses armes. Puis elle saisit sa monture par la bride et, la tirant derrière elle, se dirigea vers le camp des pillards.

Elle le contourna, silencieuse comme un souffle de vent, sans qu'aucune des sentinelles ne la repère. Elle découvrit un raidillon, qui serpentait au flanc d'une colline abrupte. Elle s'arrêta, regarda tout autour d'elle. Ce serait un *bon* endroit. Elle inspira profondément, leva les yeux vers le ciel encore sombre.

— Déesse, murmura-t-elle, je ne t'ai pas souvent priée... Je ne sais pour quelle raison Tu m'inspires. Je n'étais qu'une fille iwin... A présent, je ne sais plus qui je suis. Mais je m'en remets à Ta volonté... Que s'accomplissent Tes desseins!

Elle flatta l'encolure de son cheval, puis lui tapa sur la croupe afin qu'il recule. Elle se tourna vers la vallée et brandit les poings.

Des tourbillons se formèrent, prirent de l'ampleur, une subite bourrasque fit voler ses cheveux.

Elle n'avait plus qu'à attendre...

*
**

Ilma poussa un petit cri et s'éveilla. Elle avait rêvé de Zulée. Sa sœur était là, toute proche, et lui souriait. Elle se dégagea de l'étreinte d'un des enfants enlevés. Un profond sentiment de désespoir l'étreignit. Zulée n'était pas là... Ça n'avait été qu'un songe. Pourtant...

Pourtant Ilma *savait* que sa sœur était proche. Elle n'aurait pu expliquer les raisons de cette certitude. Elle percevait *charnellement* sa présence. Zulée lui parlait par la pensée, la rassurait, lui disait qu'elle ne l'abandonnerait jamais.

Presque rassérénée, Ilma se dressa sur ses pieds. Le camp reprenait vie. Les Azongahs se levaient l'un après l'autre, empoignaient leurs armes. Ils allaient prendre une rapide collation, puis le voyage reprendrait, qui l'éloignerait encore un peu du territoire des Ahl-Hâkans... Les Ahl-Hâkans... Elle ne les avait jamais aimés, ces arrogants seigneurs. Pourtant, en cet instant, elle désespérait de les revoir un jour.

Ilma eut un soudain frémissement. Tu-aha-eh s'approchait d'elle. Elle réprima un frisson, se souvenant que durant son sommeil, elle avait aussi rêvé de lui. Mais elle ne se rappelait plus la nature de ce rêve.

L'Azongah se campa devant elle, et, comme la veille, l'examina longuement sans rien dire. Ilma observa qu'il avait dénoué ses tresses.

Le guerrier dénoua sa longe. Il ordonna sèchement :

— Venir !

Il lui tourna le dos, retourna vers ses frères. Ilma le suivit. Il s'accroupit sur une peau de daim, montra un sac.

— A manger ! ordonna-t-il.

Ilma s'agenouilla. Tous les Azongahs observaient la scène. Elle plongea ses mains dans le sac, en sortit de la viande séchée et du pain. Le peu de nourriture qu'elle avait absorbé avant de dormir était loin, et elle ne put s'empêcher de saliver. Mais, impassible, elle tendit son repas à Tu-aha-eh.

Le guerrier se mit à manger sans paraître faire attention à elle. Elle le regardait, immobile. Son estomac manifestait bruyamment, mais elle aurait préféré mourir que de quémander quelque reste. De toutes ses forces, elle se raccrochait à l'espoir que Zulée, bientôt, la délivrerait.

Tu-aha-eh reposa enfin son morceau de viande entamé.

— Peigner ! commanda-t-il en montrant ses deux longues mèches.

Ilma passa derrière lui, saisit les cheveux et entreprit de les tresser. Cela lui fit une étrange impression. C'était la première fois qu'elle peignait un homme. Elle observa le crâne luisant du guerrier. Tu-aha-eh lui ordonnerait peut-être un jour de le raser. Il lui donnerait un couteau. Sa gorge serait proche, vulnérable...

Cette pensée l'énerva tellement qu'elle eut un geste maladroit et tira la mèche droite du guerrier, qui sursauta. Ilma sentit la peur lui mordre le ventre. Tu-aha-eh avait tourné la tête et dardait sur elle un regard furieux.

— Toi, maladroite... grogna-t-il.

— Je... pardon, murmura la petite.

Tu-aha-eh grogna quelque chose d'indéfinissable et elle s'appliqua à achever sa tâche. Enfin, les tresses furent nouées. Le guerrier se releva. Il montra le morceau de viande.

— Mange, dit-il.

Hallucinée, Ilma saisit le lard, le porta à ses lèvres... et s'interrompit, songeant aux enfants. Elle fit un geste dans leur direction.

— Et eux ? Ils ne mangent pas ?

Tu-aha-eh sourcilla.

— Eux manger ce soir, si vivre encore ! siffla-t-il, méprisant.

Une soudaine bouffée de colère envahit le cœur d'Ilma. Elle défia son maître du regard et, se détournant brusquement, courut vers les petits. Elle déchira la viande en morceaux et la distribua, n'en gardant pour elle qu'une partie...

Une main claqua violemment son épaule. Elle poussa un cri et se retourna. C'était Tu-aha-eh. Ses yeux flamboyaient. Il leva le poing... et le plongea dans son sac.

— Ça pour eux ! dit-il, exhibant une grosse boule de pain.

Presque malgré elle, Ilma émit un sanglot. Elle distribua le pain, puis fit face au guerrier.

— Merci, Tu-aha-eh, dit-elle.

L'Azongah eut une ombre de sourire. Il montra la longe, sur le sol. Ilma se baissa, la ramassa et la mit autour de son cou. Tu-aha-eh en saisit l'extrémité et tira dessus.

Docile, Ilma suivit son maître...

Le camp fut rapidement levé, et la troupe se remit en route. Les trois guerriers laissés en arrière avaient rejoint leurs frères, à la faveur de la nuit, et Ilma n'eut plus, dès lors, le moindre espoir que les Ahl-Hâkans les retrouvent. Une bouffée de haine mêlée de mépris monta en elle à l'encontre de son ancien clan. Ces glorieux seigneurs, qui se prétendaient l'élite de toutes les tribus, n'étaient même pas capables de rattraper leurs ennemis !

Cheminant derrière le cheval de Tu-aha-eh, Ilma observait le large dos de son maître. Quel sort lui réservait cet homme ? Serait-il un seigneur cruel ou accommodant ? Ilma se raccrochait au fait qu'il ne l'avait pas brutalisée, ni cherché — pour l'instant — à abuser d'elle, et qu'il lui avait donné du pain pour les enfants. Si elle se montrait docile, elle n'aurait peut-être pas à subir son courroux, désarmerait sa méfiance... et trouverait l'occasion de s'enfuir. Traverser les plaines et les forêts pour échapper à la servitude ne lui faisait pas peur !

Tout à coup, Tu-aha-eh tira sur sa longe. Ilma se mit à courir pour se porter à la hauteur de la monture du guerrier. Tu-aha-eh la regarda brièvement.

— Pourquoi toi inquiète pour enfants ? demanda le guerrier. Eux vendus, toi jamais revoir... Alors ?

Ilma serra les poings.

— Ce sont mes frères ! riposta-t-elle. Si je ne les aide pas, qui le fera ?

Tu-aha-eh avait les yeux fixés devant lui.

— Eux plus frères Ilma. Ilma devenir Azongah !

Ilma baissa la tête, envahie par un étrange sentiment.

— Ilma n'est rien, souffla-t-elle. Ilma était une Iwin, une réprouvée, et les Ahl-Hâkans la méprisaient. Ilma... je deviendrai peut-être une Azongah. Mais je ne laisserai jamais souffrir des enfants !

Il y eut un long silence, juste troublé par le claquement des sabots des chevaux sur le sol. Ilma leva la tête. Tu-aha-eh la regardait enfin. Pour la seconde fois, elle le vit sourire. Timidement, elle répondit à son sourire...

Des exclamations retentirent soudain en tête de la colonne. Ilma détourna le regard. Elle poussa un cri de stupéfaction.

Zulée se tenait au milieu du chemin qu'ils suivaient, ses armes à la main, immobile comme une statue...

Il y eut un instant de flottement. Puis des guerriers

partirent au galop et encerclèrent Zulée. La jeune fille ne réagit pas. Les yeux fixes, la tête légèrement levée vers le ciel, on l'eût dit absente, étrangère à ce qui se passait autour d'elle.

Le chef des pillards s'avança. Il était manifestement surpris, et troublé, par l'attitude de cette étrangère. Un guerrier, dans le dos de Zulée, leva son casse-tête. Mais le chef fit un signe et l'homme abaissa son bras.

De longues secondes s'écoulèrent, sans que nul ne fasse un geste, ne prononce une parole. Ilma réfrénait péniblement ses sanglots. Elle ne s'était pas trompée. Zulée était venue. Mais quelle folie ! Pourquoi était-elle seule ? Les Azongahs allaient la faire prisonnière elle aussi ! A moins... Oui, c'était ça ! Elle devait servir d'appât. Les Ahl-Hâkans se cachaient dans les fourrés alentour et ils allaient passer à l'attaque et les délivrer...

Rien de tel ne se produisit. Lentement, le visage impassible, Zulée déposa son arc, son carquois, son épieu et son coutelas sur le sol. Puis elle ouvrit sa ceinture et se défit de la fourrure qui la vêtait. Un collier de griffes de fauves ornait son cou. Elle le retira également. Nue comme au jour de sa naissance, elle fit un signe en direction d'un fourré. Ilma aperçut alors un beau poney de couleur isabelle, qui broutait paisiblement.

Zulée dévisagea alors le chef des Azongahs.

— Chef, dit-elle d'une voix claire, décidée, je me nomme Zulée et je suis la sœur de cette jeune fille (elle désigna Ilma) que tes hommes ont enlevée. Je suis venue t'offrir tous mes biens, et m'offrir moi-même, pour que tu lui rendes sa liberté ainsi qu'aux enfants qui l'accompagnent...

Les Azongahs émirent un murmure de stupéfaction. Ilma avait ouvert une bouche ronde.

— J'ai eu de nombreuses visions, reprit Zulée. La Déesse m'a parlé et guide mes pas. Elle m'a conféré de grands pouvoirs. Chef azongah, vois ceci.

Elle se pencha, saisit son poignard, le dégaina, l'assura dans sa main gauche. Elle montra sa dextre.

— Cette main a touché la Pierre de Lumière, et la Pierre de Lumière lui a insufflé son Secret. Regarde...

Zulée referma sa main sur la lame de son poignard. Elle l'y fit courir lentement. Avant qu'elle n'eût achevé son geste, le sang ruisselait le long de son avant-bras, gouttait sur le sol. Ilma poussa un petit cri. Mais les traits de Zulée n'exprimaient aucune souffrance.

Zulée reposa le poignard. Elle exhiba sa paume tailladée jusqu'aux tendons, d'où coulait un flot rouge. Lentement elle joignit ses mains, les pressa l'une contre l'autre. Un feu palpitant sembla les nimber, et la posséder tout entière. Les Azongahs s'agitaient sur leurs chevaux, certains murmurant des incantations, comme s'ils se trouvaient en face d'un démon.

La lueur s'éteignit après un ultime scintillement. Zulée respirait vite et fort, comme épuisée. Elle regarda le chef des Azongahs droit dans les yeux et écarta les mains.

La paume de sa dextre était intacte, sans la plus petite trace de blessure...

Les Azongahs étaient muets. Ilma roulait des yeux ahuris. Zulée renversa la tête en arrière et clama :

— Un grand péril menace tous les peuples de la plaine. Loin, très loin de nous, se lève une vague qui risque de tous nous anéantir. La Déesse parle par ma bouche... Elle nous dit de prendre garde, d'oublier nos haines et de nous unir... Elle m'envoie affronter notre ennemi. Chef azongah, puissants guerriers, écoutez-moi : libérez ma sœur Ilma, libérez les enfants et emmenez-moi avec vous, car moi seule vous protégerai...

— Non ! Je ne veux pas !

Ilma avait crié, et sa voix aiguë sembla briser le charme qui s'était abattu sur la forêt. Tirée de sa transe,

Zulée dévisagea sa sœur. Sur son cheval, Tu-aha-eh avait tressailli. Tirant sur sa longe, Ilma s'avança.

— Je ne veux pas ! cria-t-elle à nouveau. Je ne veux pas que tu te sacrifies pour moi ! Tu dois rester libre ! Sauve-toi ! Sinon ils vont nous réduire en esclavage toutes les deux !

Éperdue, Ilma se tourna vers Tu-aha-eh.

— Je ne te trahirai pas ! lui jeta-t-elle. Je te serai fidèle ! Tu n'auras pas de meilleure esclave que moi ! Mais laisse repartir ma sœur !

Elle tendit ses mains vers le chef des guerriers.

— Aie pitié ! implora-t-elle. Les Azongahs sont un peuple puissant ! Qu'il se montre magnanime !

Lesdits Azongahs paraissaient suffoqués par cet assaut d'altruisme entre les deux jeunes filles. Ils se regardaient entre eux, secouaient la tête d'un air d'incompréhension...

Zulée s'avança vers les guerriers. Sa minceur, sa nudité la faisaient paraître fragile, pourtant son regard brillait d'un tel feu que le chef de la troupe lui-même cligna des paupières.

— Petite sœur, dit-elle, et vous, hommes de la Plaine, mon destin m'est apparu et je ne m'y déroberai pas...

— Et mon destin à moi ? la coupa Ilma. Y penses-tu ? Je sais qu'il est lié au tien ! Il l'a toujours été !

La petite se rapprocha du cheval de Tu-aha-eh, s'appuya contre la cuisse nue de l'Azongah.

— Zulée, reprit-elle, les Ahl-Hâkans ne nous sont rien ! Ils ont rabaissé notre père, en ont fait un Iwin. Ma mère est morte à cause d'eux ! Ils ne nous ont jamais offert que cruauté, mépris... Pourquoi veux-tu que je retourne auprès d'eux ?

Tu-aha-eh avait baissé la tête. Elle le regarda.

— Je sais que je serai plus heureuse esclave chez les Azongahs que libre chez les Ahl-Hâkans ! Je ne veux pas repartir ! Je... je veux rester avec mon maître... et avec toi !

Zulée ne répliqua pas. Elle avait détourné le visage. Lorsqu'elle se tourna à nouveau vers les Azongahs, chacun put voir les larmes qui coulaient sur ses joues.

— C'est bien, dit-elle. Puisque c'est ce que tu veux...

Elle se dirigea vers le chef de la troupe, s'arrêta à deux pas de lui, le regarda sans rien dire. L'homme la considéra longuement. Puis il fouilla dans son sac, en tira une longe de cuir au bout de laquelle il fit un nœud coulant. Sans un mot, il la lança aux pieds de Zulée.

La jeune fille se baissa, la ramassa et la passa lentement autour de son cou...

Les Azongahs levèrent leurs armes et poussèrent un long cri de victoire. Zulée et Ilma se regardèrent, avec le même sourire empreint de fatalisme.

— Je n'aurais pas pu vivre séparée de toi, souffla la cadette à son aînée.

— J'aurais eu du mal moi aussi...

Tu-aha-eh interrompit leur tête-à-tête, tirant sèchement sur la longe d'Ilma.

— Silence, femmes ! grogna-t-il. Ou bien fouetter !

Zulée et Ilma poussèrent un petit soupir... et se mirent au grand trot, les cavaliers azongahs talonnant leurs chevaux comme pour rattraper le temps perdu.

Toutes deux savaient que leur existence venait de basculer.

CHAPITRE VII

— En ce temps, dit le chaman, n'existait à la surface des Mondes que le Chaos. Le Grand Souffle ne pouvait s'en satisfaire, car nul ne le vénérait. Alors il créa les trois Niveaux. Celui des Génies, celui des Hommes et celui des Démons. Mais les Génies, les Hommes et les Démons se jalousaient, et chacun voulait occuper le niveau des deux autres. Alors le Grand Souffle engendra la Déesse et lui dit qu'Elle devait ordonner sa Création...

Tout en travaillant, Zulée écoutait les paroles du sorcier. Ces propos n'étaient pas que légendes et bavardages. Ils possédaient un sens caché, qu'elle devait découvrir. Son apprentissage était à ce prix, tout autant que dans la justesse de ses préparations médicinales ou dans l'habileté de ses gestes lorsqu'elle remettait en place une épaule luxée ou lorsqu'elle arrachait une dent infectée...

Pour l'heure, elle pilait divers ingrédients dans un mortier de pierre, y ajoutant de petites quantités d'alcool de racine et de la poudre de champignon séché. Le chaman surveillait chacun de ses gestes. Qu'elle fasse la moindre erreur et il lui cinglerait les épaules de sa badine. Mais Zulée ne commettrait pas d'erreur. Elle n'en commettait plus depuis longtemps...

Avec un certain manque de modestie, Zulée se disait souvent qu'elle en savait bien plus que le chaman, qu'elle avait eu, *elle*, des contacts directs avec la Déesse, et qu'elle pourrait devenir une grande guérisseuse, ou une voyante, et la première chamane des Azongahs, pourvu qu'on l'affranchisse de sa servitude. Mais elle ne se faisait guère d'illusions. Depuis deux années qu'elle se trouvait parmi eux, les Azongahs ne s'étaient jamais départis d'une méfiance certaine vis-à-vis d'elle. Peut-être parce qu'elle avait eu plusieurs fois des visions, peut-être, précisément, parce qu'elle avait le don de les guérir, peut-être — sûrement — parce qu'au fond d'elle-même, dans l'indépendance de son caractère, elle ne leur était pas soumise. Ils la craignaient, et ne lui accorderaient jamais un statut élevé au sein de leur clan. A cet égard, le sort d'Ilma était plus agréable que le sien. Bien qu'elle fût toujours esclave, sa cadette vivait auprès de Tu-aha-eh, partageant sa couche et tenant son ménage. Cela semblait suffire à son bonheur. Elle travaillait dur, mais toutes les femmes azongahs en faisaient autant, elle obéissait sans rechigner aux ordres de son maître — comme chacune — et plus rien, dans sa façon de vivre, de s'habiller, de se comporter, ne rappelait l'Ahl-Hâkan qu'elle avait été. Zulée se prenait parfois à l'envier. Ilma se posait beaucoup moins de problèmes qu'elle.

— La Déesse obéit au Grand Souffle, reprit le sorcier. Elle établit des frontières inviolables entre les Niveaux. Si les humains désiraient communiquer avec les Génies ou les Démons, ils devaient le faire par la prière ou les chants sacrés... Ainsi le Grand Souffle était satisfait. Cependant, parce qu'elle était divine, et toute-puissante, la Déesse ne voulut pas se contenter d'obéir aveuglément au Grand Souffle. Elle fit un don à certains humains : celui de la Vision...

Zulée acquiesça. Ce n'était pas la première fois que le sorcier lui contait cette histoire. Elle la connaissait par cœur, comme beaucoup d'autres. Il commençait à radoter, le vieux Mahokoh...

Pourtant elle l'aimait bien. Il était doux, accommodant, et sincèrement désireux de lui communiquer sa science. Lorsqu'elle était arrivée, elle avait vite compris qu'elle posait un problème à la tribu. Elle ne pouvait être une esclave comme les autres, du fait de ses singuliers pouvoirs. Bien qu'elle fût jeune, belle et robuste, elle ne trouva personne pour la réclamer. Qui aurait voulu s'embarrasser d'une femme capable de s'ouvrir la peau et qui avait des visions ? Une femme qui aurait pu se venger d'un maître trop exigeant en lui jetant un sort ?

Elle fut l'objet de nombreuses palabres, et les Azongahs envisagèrent même de la revendre à quelque autre clan. Pour apaiser leurs craintes, Zulée se fit la plus discrète possible, accomplissant avec zèle les tâches qu'on lui confiait, se montrant aimable avec chacun, chassant, non seulement pour se nourrir, mais pour apporter de la viande aux vieillards. Finalement, au grand soulagement de tout le monde, le chaman, qui l'avait longuement observée, la prit auprès de lui. Très intéressé par son expérience avec les Pierres de Lumière, il commença à lui révéler certains secrets de son art, qu'elle assimila avec une telle facilité que le vieil homme en fut impressionné. Depuis, elle perfectionnait son savoir, apprenait à soigner les malades, imposait les mains, confectionnait des philtres, lisait les présages dans les osselets, interprétait les rêves. On venait la consulter, on écoutait sa parole, on suivait ses recommandations...

— Tu possèdes le don de la Vision, continua le chaman. Ce don, tu dois le porter à son plus haut niveau... Ta préparation est-elle prête ?

Zulée secoua la tête.

— Non maître, répondit-elle. Il faut qu'elle réduise.

— Bien... Va donc, ma fille...

Zulée se leva, s'approcha du feu qui brûlait au centre de la hutte. Elle leva la tête. La fumée odorante s'échappait par une ouverture dans le toit de branchages, mais il en stagnait un lourd nuage à l'intérieur de l'abri, qui lui irritait la gorge. Elle activa les flammes à l'aide d'un éventail fait de plumes de dindon. Il faisait si chaud qu'elle avait l'impression de cuire sous sa robe de peau. Elle la délaça et en rabattit les pans sur ses hanches. Entre ses seins coulait un ruisselet de sueur.

Elle déposa le mortier sur les braises, recula pour surveiller la cuisson de sa mixture. Elle avait confiance en ses dons, comme dans l'enseignement du sorcier, mais ne pouvait se départir d'un sentiment d'angoisse. Cette décoction allait lui ouvrir les portes des autres Niveaux... si elle en réchappait !

— J'ai terminé, maître, dit-elle enfin, sans que sa voix tremble.

— Bien... Verse ton philtre dans cette coupe...

Le chaman lui tendait un bol taillé dans une corne de mouflon. Elle transvasa précautionneusement la liqueur.

— Prononce tes incantations !

Zulée leva la coupe devant son visage et murmura une longue phrase dans le langage ésotérique des sorciers. Le chaman hocha la tête.

— Te sens-tu prête, Zulée ? interrogea-t-il.

— Oui, maître.

— Tu sais que tu vas voir ce que nul n'a jamais vu... En as-tu conscience ?

— Oui. J'en ai conscience.

— Bien sûr que non... Si tu en avais conscience, tu serais Déesse toi-même. Maintenant, bois !

Zulée avala la décoction. Le breuvage était si amer qu'elle fit la grimace. Elle reposa le bol et s'agenouilla.

Le chaman se plaça au-dessus d'elle et étendit les bras.

— Puissances divines, psalmodia-t-il, cette femme est sur le point d'accéder à l'Insondable. La Déesse l'a choisie. Le feu des Pierres de Lumière l'illumine. Offrez-lui ce qu'elle désire savoir et prenez-la en pitié... Son destin est celui de Guide... Ne l'abandonnez pas...

Zulée écoutait, clignant des yeux. La voix du chaman se faisait lointaine, les flammes, devant ses yeux, grandissaient, prenaient des formes inconnues. Son corps ne lui obéissait plus. Ses muscles s'amollissaient. Elle sentit vaguement que le chaman la saisissait par les épaules, la tirait sur une natte, lui enlevait sa robe. Un éclat de lumière l'éblouit. Le chaman était sorti, la laissant seule dans sa hutte. Une nausée la secoua. Un liquide chaud coulait entre ses cuisses. Elle se demanda si c'était son urine ou son sang menstruel...

Brusquement, une souffrance infinie la traversa. Elle se tordit sur elle-même, s'entendit hurler...

Et puis elle fut hors d'elle-même, et bondit vers l'azur ! Sa souffrance se changea en allégresse !

La femme était plus grande qu'une montagne et son corps dénudé avait la blancheur de la neige. Elle reposait sur le sol, immobile, mais paraissait s'y fondre. De ses vastes flancs naissait la forêt. De ses seins coulaient fleuves et océans. Ses cheveux avaient la luxuriance des herbages de la prairie. Les pulsations de son cœur rythmaient le temps et son souffle offrait la Vie aux créatures.

Ses yeux étaient deux Pierres de Lumière !

Zulée poussa un sifflement strident, étendit ses ailes et se laissa dériver en direction de la Déesse. Au-dessus d'elle, un pandémonium de génies et de dieux nouaient et dénouaient leurs étreintes de nuages. Au creux de la terre, grondaient des volcans, coulaient des fleuves de lave, s'élaborait l'immuable et mystérieuse alchimie issue de la volonté du grand Souffle Sacré. Zulée voyait tout cela. Zulée était *issue* de tout cela. Sous la forme fragile de son totem, un faucon femelle, elle parcourait l'infinité de l'espace et du temps, et rejoignait sa Mère...

Elle se posa tout à côté de la Déesse. Elle avait retrouvé sa forme humaine, et la divinité n'était plus une montagne, mais une femme, très belle, qui lui souriait. Ses prunelles étincelaient du même feu que la Pierre de

Lumière. Zulée tendit la main. La Déesse la pressa entre les siennes.

— Pourquoi moi ? interrogea la jeune fille.

— *Tu es marquée de mon sceau*, répondit la Déesse, sans remuer les lèvres. *Regarde...*

Zulée regarda. Elle vit que la Déesse, c'était elle. Son visage, ses traits, son corps. Cette révélation la remplit de joie, mais aussi de souffrance.

— *Que dois-je faire ?* s'interrogea-t-elle par la pensée.

— *Regarde!* répéta la Déesse.

Redevenue faucon, Zulée s'envola. La plaine, les forêts, les lacs, les montagnes défilaient sous ses ailes. Elle découvrait des contrées inconnues. Des champs de neige infinis, des déserts brûlants, des pics aux sommets se perdant entre les nuées, des fleuves roulant de lourdes eaux limoneuses...

Des villages, des cités...

Et puis, tentaculaire, si vaste qu'elle semblait englober l'horizon, recouvrir la terre et les eaux, s'étendant et s'étendant encore, une mégapole, inhumaine, exsudant le mal, la fureur et la haine... Une armée s'ébranlait, des oriflammes claquaient au vent, des armes de métal étincelaient dans les rayons d'un soleil noir.

Et du sang... Du sang qui coulait d'innombrables corps mutilés. Les corps d'hommes, de femmes et d'enfants...

Zulée cria. Une force irrésistible l'attirait vers cette funeste cité. Elle tenta de faire demi-tour, de retrouver le sein de la Déesse, de retourner d'où elle venait.

Mais la vague fut sur elle...

Ilma assura sur son épaule la sangle de l'outre qu'elle venait de remplir à la rivière et, d'un pas alerte, reprit la direction du village. Un sourire erra sur son visage bronzé lorsqu'elle découvrit les longues maisons blotties au fond du vallon. Elle aimait ce lieu où la tribu avait choisi de passer les mois d'été. Elle aimait le pays des Azongahs... Elle aimait sa nouvelle vie.

Un groupe de jeunes filles jouaient au cerceau, et des garçons les regardaient, faisant des paris sur l'issue de la partie. Elle ralentit l'allure. Elle aurait aimé qu'on l'appelât pour participer au jeu, mais Tu-aha-eh l'attendait. Elle se contenta de répondre aux saluts de ses amis. Son statut d'esclave ne l'empêchait pas d'avoir des relations avec les jeunes Azongahs. Ceux-ci la traitaient mieux que les Ahl-Hâkans ne l'avaient jamais fait !

Ilma n'avait pas menti à sa sœur en lui affirmant qu'elle serait plus heureuse esclave chez les Azongahs qu'Iwin au sein de son propre clan. Sans doute son statut, parmi sa nouvelle tribu, était-il le plus bas qui soit, mais son caractère enjoué, sa jeunesse, lui faisaient accepter les inconvénients de son état avec bonne humeur. Elle souriait en voyant certaines épouses dites libres, rossées par leurs maris. Tu-aha-eh ne l'avait *jamais* battue ! Elle ne lui avait jamais donné l'occasion de devoir le faire. C'était un homme sévère, peu bavard, au caractère fier et parfois rigide, mais il s'humanisait dans le secret de leur habitation.

Ilma longeait la première des longues maisons lorsqu'elle aperçut le chaman. Le vieil homme lui fit un signe impératif. Elle s'approcha, sa belle humeur s'envolant quelque peu. Elle n'avait jamais aimé les sorciers, toujours en train de prononcer quelque incantation ou de jeter des sorts...

— Ta sœur va avoir besoin de toi, lui déclara brutalement le chaman. Viens avec moi !

— Zulée ! Que lui arrive-t-il ?

— Viens, te dis-je !

Le sorcier lui tourna le dos et se dirigea vers sa hutte, de l'autre côté du village. Il était le seul personnage du clan à ne pas habiter une longue maison. Éperdue, Ilma regarda tout autour d'elle. Elle devait rapporter son eau pour le repas du soir. Tu-aha-eh avait invité plusieurs guerriers. Si rien n'était prêt, il serait en colère.

— J'arrive tout de suite ! cria-t-elle.

Elle détala en direction de la maison où habitait Tu-aha-eh. Chez les Azongahs, on ne vivait pas dans des demeures de torchis ou de briques, mais sous de longues bâtisses de bois recouvertes de peaux de buffle ou de nattes de joncs, chacune regroupant de cinq à dix familles, dont les foyers étaient séparés par des tentures pendues aux poutres maîtresses.

Tu-aha-eh n'était pas là, et elle s'en réjouit. Elle n'aurait pas à s'expliquer. Elle transvasa rapidement son eau dans des calebasses. Heureusement qu'elle s'était avancée pour sa cuisine ! Elle tâcherait d'être vite de retour !

Elle ressortit et courut chez le chaman. Le sorcier l'accueillit par une gifle.

— Je t'avais dit de me suivre, pas de filer ! tonna-t-il.

Ilma se frotta la joue sans répliquer. Le chaman la toisa un instant, et sembla satisfait de sa passivité. Il se radoucit.

— Ta sœur a besoin de toi, dit-il. Elle est entrée en contact avec la Déesse. Occupe-toi d'elle !

Il fit demi-tour et s'éloigna. Le cœur battant, Ilma poussa la porte du logis du sorcier. Elle découvrit Zulée, prostrée sur une mauvaise natte, et qui râlait sourdement. Le cœur d'Ilma lui manqua. Par les génies, ce maudit vieillard avait fait absorber quelque drogue à sa sœur et Zulée allait en crever !

Ilma pénétra dans la hutte, s'agenouilla auprès de son aînée. Zulée était nue, et s'était souillée d'urine et de fiente. Elle puait comme une bauge, mais ce n'était pas le plus inquiétant. Elle respirait mal, et de la salive coulait sur son menton. Ilma la prit par les épaules, la secoua. La tête de Zulée roula de gauche et de droite.

— Oh dieux, non... gémit la fillette.

Elle regarda tout autour d'elle, avisa une cruche

pleine. Elle y plongea la main, bassina le visage de Zulée. Sa sœur ne réagit pas.

— Fils de pute! sacra Ilma à l'encontre du sorcier.

Elle nettoya sommairement Zulée et la tira hors de la hutte. On s'attroupait devant la porte. Il y eut des exclamations étouffées lorsque Zulée roula inerte sur le sol.

Indifférente à la foule, Ilma assenait de petites claques sur les joues de sa sœur. Les paupières de Zulée s'entrouvrirent. Ses yeux étaient révulsés.

— Je t'en prie, balbutia Ilma, d'une voix que faisaient trembler des sanglots. Ne meurs pas...

Zulée poussa un grognement inarticulé. Son corps fut traversé d'un tremblement. Ilma tourna la tête vers l'assistance, comme pour quémander de l'aide. A cet instant, une haute silhouette apparut. Ilma eut un frémissement d'angoisse. C'était Tu-aha-eh.

Il se campa devant elle, tandis que chacun faisait silence. Ilma l'implora du regard.

— Elle... elle a une vision, gémit-elle. Elle est en compagnie de la Déesse... Maître, je t'en prie... Ne la laisse pas mourir!

Le visage de Tu-aha-eh demeura indéchiffrable. Ilma allait répéter sa prière quand le guerrier se pencha et, sans mot dire, souleva Zulée en la saisissant aux épaules et sous les genoux.

— Viens, Ilma, ordonna la jeune homme.

Sanglotante de reconnaissance, Ilma suivit son maître. Tu-aha-eh ne se dirigea pas vers la longue maison où Zulée avait son réduit, mais vers sa propre habitation. Il y pénétra, déposa la jeune fille inerte sur une fourrure.

— Lave-la et soigne-la, ordonna-t-il à Ilma. Puis occupe-toi du repas.

Il voulut se retirer. Ilma lui saisit la main au passage, la couvrit de larmes et de baisers.

— Merci... merci, mon maître, gémit-elle. Tu es bon...

Tu-aha-eh eut alors une réaction inattendue. Il se mit

à rire. Il posa son autre main sur le crâne d'Ilma, le tapota comme il l'eût fait d'un petit animal.

— J'espère que ta sœur parlera pour moi à la Déesse, dit-il d'un ton où perçait l'humour.

Il sortit.

Zulée mit de longues minutes pour revenir à elle. Ilma s'agita beaucoup, courant du foyer où mijotaient ses plats jusqu'à la couche où son aînée râlait et éructait tout en reprenant ses esprits. Enfin, lorsqu'elle fut certaine que Zulée était tirée d'affaire, Ilma laissa échapper sa colère :

— Tu es folle ! s'écria-t-elle. Qu'est-ce que ce charlatan t'a fait avaler ? Heureusement que Tu-aha-eh est le meilleur des hommes ! Sinon tu aurais pu crever dans ton coin ! Pourquoi est-ce que tu veux toujours parler avec la Déesse ? Autrefois tu te fichais bien d'elle et nous étions plus tranquilles...

Zulée coupa le flot de paroles de sa sœur en gémissant :

— A... boire !

Ilma lui tendit un gobelet empli d'eau. Zulée but avidement, en redemanda. Ilma la resservit et redémarra :

— Et qu'est-ce qui va se passer, si mon repas est raté ? Le père de Tu-aha-eh sera mécontent et sa mère rira de moi, et...

— Ilma, l'interrompit Zulée, je dois partir...

Ilma ouvrit des yeux ronds.

— Mais non ! répliqua-t-elle. Il faut que tu sois en état...

— Tu ne m'as pas comprise... Il faut que je quitte les Azongahs !

Cette fois, Ilma ne sut quoi dire. Zulée se redressa péniblement. Son regard était fixe, comme tourné vers une vision intérieure.

— La magie du chaman a agi, murmura la jeune fille.

J'ai eu la vision ultime... Je sais quel est le danger qui menace les tribus. Et je sais que je dois l'affronter...

Zulée saisit les mains d'Ilma, les serra dans les siennes.

— J'ai peur, petite sœur, poursuivit-elle tout bas. Mais je ne peux me dérober...

CHAPITRE VIII

La nouvelle que Zulée l'Esclave avait eu la vision ultime avait fait le tour du camp. Une chape de silence semblait s'être abattue sur les longues maisons. Lorsque la jeune fille passait sur la place centrale, les conversations s'interrompaient. Des regards lourds d'inquiétude s'attachaient à ses pas. Jusqu'alors, on ne lui parlait pas sans une certaine réticence. A présent, on l'évitait. Consciente de cet état de fait, Zulée s'efforçait à l'impassibilité, mais ce n'était pas facile. Elle aurait aimé pouvoir confier ses craintes, faire part de ses doutes à une oreille amie. Elle n'avait qu'Ilma, et craignait de la compromettre en s'affichant avec elle, mais aussi de compromettre Tu-aha-eh.

Le chaman ne lui était d'aucun réconfort. Comme s'il jugeait que sa tâche était accomplie, puisqu'il l'avait menée là où elle voulait aller, il la battait froid, lui interdisant l'accès de sa hutte. Zulée errait comme une âme en peine, et ne trouvait plus à se nourrir que de cueillette et du produit de sa chasse. Heureusement, le pays était giboyeux.

Ce fut précisément alors qu'elle revenait d'avoir chassé qu'elle découvrit, à l'entrée du village, le conseil des chefs, au complet, qui paraissait l'attendre. Elle s'avança, impressionnée par les visages fermés qui lui faisaient face. Elle connaissait bien, à présent, tous ces importants personnages. Il n'existait pas d'Iwins, chez les Azongahs, mais elle redoutait les sentences qui pouvaient tomber de leurs bouches. Elle n'avait commis aucune faute, mais savait que son cas était difficile.

Tra-Ha-Honkah, le chef, se détacha de ses frères. C'était un homme âgé, de haute stature, au visage couturé de tatouages et qui, disait-on, avait tué plus de cent ennemis au combat. Il arborait un cimier orné de cornes de buffle et un collier de dents de tigre pendait sur son torse massif. Zulée inclina respectueusement la tête. Son cœur battait à se rompre.

— Zulée, articula lentement le chef, il se murmure beaucoup de choses à ton sujet, qui troublent la quiétude de notre clan.

C'était la première fois, en deux années, que Tra-Ha-Honkah lui adressait la parole, et Zulée faillit paniquer. Mais rien dans son attitude ne le laissa deviner. Gardant toujours les yeux baissés, mais la voix ferme, elle répondit :

— Je le déplore, puissant chef. Te plaira-t-il de m'écouter ?

Il y eut un silence. Zulée osa relever le visage, darda un regard fugitif vers le chef. Tra-Ha-Honkah l'observait, impénétrable.

— C'est tout le conseil qui t'écoutera, Zulée, dit-il enfin. A l'heure où tombe la nuit, tu comparaîtras devant lui.

Zulée avala sa salive. Tout le conseil. L'affaire était vraiment grave !

Lorsqu'elle s'avança vers le feu qui ronflait au milieu de la place centrale du village, Zulée put se rendre compte que non seulement le conseil allait l'entendre, mais également tous les Azongahs. La foule se pressait aux abords de l'estrade où, traditionnellement, les sages s'étaient accroupis et l'attendaient en fumant. Tu-aha-eh faisait partie du conseil et cela l'encouragea, sans qu'elle sache trop pourquoi. Le maître de sa sœur ne lui avait jamais marqué un intérêt particulier.

Elle tourna la tête, cherchant Ilma du regard. Elle l'aperçut, qui s'était faufilée au premier rang. Elle aperçut aussi le chaman, un peu à l'écart.

Elle s'immobilisa à cinq pas de l'estrade. Modeste, elle avait retiré ses vêtements, à l'exception d'un pagne de daim, et dénoué ses cheveux. Ainsi le voulait la tradition, mais elle ne souhaitait cependant pas trop s'humilier. Après tout, la Déesse l'avait investie d'une mission. Même un chef ne pouvait s'y opposer !

Tra-Ha-Honkah leva sa lance de commandement, tandis qu'un brusque silence succédait au murmure qui avait salué l'apparition de la jeune fille.

— Frères, articula-t-il d'une voix solennelle, que la Déesse nous inspire, car nous allons devoir débattre d'un sujet grave...

Les membres du conseil approuvèrent. Le chef frappa l'estrade de son bâton.

— Avance, esclave ! ordonna-t-il.

Zulée obéit. Elle ploya le genou devant l'estrade, demeura immobile.

— Frères, reprit le chef, jamais, dans l'histoire de notre clan ne s'étaient produits des faits aussi troublants. Cette femme, une Ahl-Hâkan, une esclave, possède de bien grands et étranges pouvoirs. A plusieurs reprises elle semble avoir été visitée par les puissances des Esprits. Cependant, elle n'a jamais usé de ces pouvoirs afin de nuire aux Azongahs, qui sont pourtant les ennemis de son clan d'origine. Au contraire, elle a soigné nos malades et obéi loyalement à nos ordres...

Zulée n'avait pas remué un cil, bien que le début du discours du chef la réconfortât. Elle attendit la suite. Elle arriva, et la réjouit moins :

— Nous nous posons beaucoup de questions à propos de cette femme. Est-il courant qu'une créature femelle soit visitée par la Déesse ? Son pouvoir tient-il de la magie ou de la sorcellerie ? La présence de cette esclave est-elle bénéfique ou maléfique pour notre peuple ? Que convient-il de faire d'elle ? De tout cela, nous allons discuter. Qui demande la parole ?

Le silence était si profond qu'on entendit vagir un bébé dans une des maisons. Le chaman s'avança.

— Je réclame la parole, dit-il.

Le chef hocha la tête.

— Parle, homme-médecine.

Le chaman vint se camper derrière Zulée toujours agenouillée.

— J'affirme, dit-il d'une voix forte, que cette femme possède le don de magie. Elle est mon élève depuis plus de deux années et j'ai pu me rendre compte que la Déesse a posé Sa main sur elle. De tous les disciples que j'ai eus, elle est la plus réceptive au monde des Esprits. Elle possède le don de vision. Je l'ai amenée à développer ce don, à savoir interpréter ses songes. Je lui ai appris le secret des drogues. Enfin, je lui ai fait tenter l'expérience ultime en lui faisant boire le plus sacré, mais aussi le plus dangereux des filtres. Sans la bienveillance de la Déesse, elle serait morte...

Un murmure passa sur la foule. Les sages écoutaient, impassibles. Le chaman abaissa brièvement son regard sur Zulée.

— Or elle est vivante, reprit-il. Et moi, homme-médecine du peuple des Azongahs, je crains aujourd'hui d'avoir commis une lourde erreur en lui révélant mes secrets.

Zulée releva la tête. Pourquoi le chaman regrettait-il l'apprentissage qu'il lui avait imposé ?

Tra-Ha-Honkah devait être aussi étonné qu'elle, car il demanda :

— Explique-toi, chaman.

— Zulée l'Esclave me fait peur, répondit le chaman. Elle possède une puissance dont elle n'a pas idée. Il n'est pas bon qu'un humain demeure sous l'Œil de la

Déesse. Nul ne peut prévoir les caprices des divinités. Que se passera-t-il si les Esprits s'irritent de voir une mortelle devenir leur égale? Ne déchaîneront-ils pas leur courroux sur notre clan tout entier?

Il y eut de nouveaux murmures. Les membres du conseil se penchèrent les uns vers les autres et conférèrent longuement, à voix basse.

— Que préconises-tu, chaman? demanda le chef.

L'homme-médecine hésita.

— Je ne sais trop, Tra-Ha-Honkah, grommela-t-il. La première réponse qui me vient aux lèvres est d'exiger le sacrifice de cette femme...

Zulée sentit une crampe lui mordre le ventre. Elle vit Ilma qui esquissait un mouvement de protestation. La foule semblait pétrifiée.

— Tu n'ignores pas, chaman, dit Tra-Ha-Honkah, que les Azongahs n'ont plus procédé à des sacrifices humains depuis de nombreuses années.

— Il est vrai... Il est également vrai que je ne suis pas certain que la mise à mort de Zulée l'esclave préserve notre clan de la colère divine. Cependant j'affirme que cette femme ne peut demeurer plus longtemps parmi nous. Si le conseil décide de l'épargner, qu'elle soit bannie!

— C'est indigne! s'écria alors Ilma.

Son intervention provoqua un grondement scandalisé. Jamais, de mémoire d'Azongah, on avait entendu une esclave prendre la parole au cours d'un conseil! Folle furieuse, Ilma s'était dressée et tendait le poing en direction du sorcier.

— Zulée n'a jamais fait de mal à aucun d'entre vous! cria-t-elle. Elle vous a même pardonné la mise à mort de notre mère! La vérité, c'est que le chaman est jaloux de son pouvoir. Il craint qu'elle prenne sa place dans le clan!

— Silence! cria un des membres du conseil.

— Non, je ne me tairai pas! protesta la jeune fille.

Zulée et moi ne sommes plus des Ahl-Hâkans ! Nous sommes devenues des Azongahs ! Nous avons droit à la justice des Azongahs !

— Qu'elle se taise ! hurla une voix dans la foule.

— C'est une indignité ! ajouta une autre.

Un guerrier se dirigea vers la jeune fille écumante de rage. Il leva le poing... et se paralysa, tandis qu'un cri de stupeur et d'effroi passait sur la foule.

Zulée s'était dressée, avait tendu sa main droite, l'index dardé en direction de l'Azongah. Ses yeux s'étaient changés en deux pierres de lumière, à la flamboyance froide. De son doigt, un rayon jaillissait, qui s'était refermé sur le guerrier et le maintenait immobile, telle une statue de pierre.

— Nul ne lève la main sur ma sœur, dit Zulée d'une voix calme, mais implacable.

Le phénomène se poursuivit durant de longues secondes. Puis Zulée abaissa sa main, ses yeux perdirent leur éclat insoutenable, le rayon s'effaça et le guerrier roula sur le sol en poussant de sourds grondements de douleur.

La foule était muette. Le chaman avait reculé. Plusieurs sages s'étaient dressés. Ilma dévisageait sa sœur avec stupéfaction. Seul Tra-Ha-Honkah paraissait avoir conservé son sang-froid. Ce fut vers lui que Zulée se tourna.

— Chef, dit-elle, puis-je parler ?

Le guerrier inclina la tête.

— Parle, Zulée, et sois sûre que je t'écouterai.

— Merci, chef.

Zulée prit une inspiration.

— Ma sœur se trompe lorsqu'elle affirme que le chaman parle contre moi par peur ou par jalousie. Je sais qu'il ne désire que le bien du clan. Il craint que ma présence attire le mauvais œil et je comprends sa crainte...

La foule murmura. Le chaman considérait son ancienne disciple avec attention. Zulée reprit :

— Azongahs, je ne vous nuirai jamais volontairement. J'ai appris à vous connaître et... il est vrai que je vous ai pardonné le meurtre de ma mère. Bien qu'esclave, vous ne m'avez jamais maltraitée et je n'éprouve aucune haine contre aucun d'entre vous. Mais une malédiction s'attache effectivement à moi. Ce n'est pas pour autant que je me laisserai mettre à mort !

Sa voix s'était durcie. Elle regarda les guerriers, le conseil.

— Voyez la puissance de ma magie...

Ses yeux se remirent à luire. Les hommes poussèrent des cris et lâchèrent pêle-mêle casse-têtes, lances, arcs, épieux, comme si leurs armes les avaient soudainement brûlés. Certains tentèrent de les ramasser, mais leurs cris se changèrent en hurlements.

Au bout de quelques instants, Zulée se retourna vers Tra-Ha-Honkah. Elle haletait.

— Je pourrais tuer d'un seul regard qui tenterait de me nuire... souffla-t-elle. Mais telle n'est pas mon intention... Chef, le moment est venu de vous révéler la raison pour laquelle la Déesse a posé sa main sur moi, pourquoi Elle m'a fait découvrir les Pierres de Lumière... et pourquoi je dois effectivement m'en aller !

Zulée rassembla ses forces et se redressa de toute sa taille. Elle éleva ses bras au-dessus de sa tête.

— J'ai été appelée ! clama-t-elle. La Déesse m'a changée en faucon et m'a fait venir auprès d'elle ! J'ai eu la vision d'un grand péril menaçant les peuples de la plaine ! Azongahs, Ahl-Hâkans, Mahokaas, Ziiutes, Trelses... Tous sont en danger ! Loin, très loin d'ici... Plus loin que les montagnes, plus loin que les lacs, plus loin que les rivières du bout du Monde, s'étend une contrée et cette contrée est peuplée de diables à forme humaine. Ils forgent une puissance qui dépasse celle de tous les clans réunis. Ils ont soif de sang, ils ont faim de conquête. Leur appétit est si vaste qu'il engloutit leur terre, l'air qu'ils respirent et jusqu'à leur âme. Leurs dieux ne sont que barbarie et cruauté et réclament plus d'or, plus de sacrifices, plus de larmes...

Elle marqua un temps. Les Azongahs étaient pétrifiés. Des femmes s'étaient réfugiées dans les bras de leurs époux. Des enfants tiraient sur les robes de leurs mères.

— Ces démons vont venir, reprit Zulée. Ils vont abandonner leur monde et envahir le nôtre. Ils vont tuer, massacrer, violer... Ils vont raser les villages, incendier les forêts, massacrer les buffles, les antilopes... Ils vont ouvrir la terre, saper les montagnes, détourner le cours des fleuves, assécher les lacs ! Ils vont faire des plaines un enfer où soufflera un vent de pestilence et ce vent emportera les tribus...

Des larmes coulaient sur son visage. Elle abaissa les bras, considéra Tra-Ha-Honkah blême, le conseil, la foule.

— Voilà ce que m'a montré la Déesse... Et puis la Déesse m'a parlé. Elle m'a dit que c'était moi, insignifiante créature, esclave et réprouvée, qu'Elle avait choisi pour défendre les clans. Elle m'a insufflé sa force, modelée à son image... Elle m'a dit qu'à présent j'étais prête et que je devais me mettre en route vers ce peuple maudit, que je devais apprendre à le connaître afin de mieux le combattre. Elle m'a dit que la souffrance serait mon lot, mais également la force et l'espoir, et que cette force, cet espoir, devraient battre dans le cœur de chaque guerrier, chaque femme, chaque enfant des plaines. Elle m'a dit que ma vie n'était rien, ne serait rien si je ne la mettais pas au service de mes frères et de mes sœurs... Elle m'a dit que la victoire serait nôtre, si nous savions nous unir et si nous conservions la foi en sa Parole...

Elle se tut, essuya son visage d'une main tremblante.

— Voilà ce que m'a dit la Déesse, acheva-t-elle. Puis

elle m'a renvoyée ici... Chef Tra-Ha-Honkah, je t'ai dit ce que j'avais à dire. A présent, c'est à toi de parler...

Tra-Ha-Honkah resta longtemps silencieux. Le clan ne réagissait pas, comme assommé par les révélations que Zulée venait de lui assener. Enfin, le chef se racla la gorge.

— J'ai entendu des choses singulières, ce soir, dit-il. Mon esprit est troublé. Tu sembles posséder effectivement de grands pouvoirs, Zulée. Alors pourquoi me demander dc te rendre ta liberté ? Tu pourrais t'en aller sans qu'aucun d'entre nous puisse t'en empêcher.

— Je ne désire pas fuir les Azongahs comme une voleuse, répliqua Zulée. Les Azongahs sont un peuple libre et fier et leur amitié me sera précieuse dans la lutte que je vais devoir mener. De plus, ma sœur demeure parmi eux...

Ilma leva alors une main véhémente.

— Chef, chef, est-ce que je peux parler ?

Tra-Ha-Honkah eut un fugitif sourire.

— Parle, Ilma l'esclave.

— Je... je m'excuse d'avoir eu la langue trop longue, tout à l'heure, déclara la jeune fille. Mais je veux dire ceci : si Zulée s'en va affronter de grands dangers, je veux partir avec elle ! Nous partageons la même existence depuis si longtemps que je ne peux accepter d'être séparée d'elle...

— Non, Ilma ! la coupa Zulée.

La cadette tourna un regard implorant vers son aînée. Zulée secoua la tête.

— Je regrette, dit-elle, mais je suis seule à posséder la magie de la Déesse. C'est ma seule arme en face des démons. Une arme dont tu es dépourvue. Tu serais leur victime et je t'aime trop pour vouloir risquer ta vie. De plus...

Zulée dévisagea Tu-aha-eh.

— De plus, tu vis auprès d'un homme qui est grandement épris de toi. Un homme fort, un guerrier qui saura te protéger mieux que je ne le ferai moi-même... Un guerrier que tu aimes autant qu'il t'aime. Peux-tu envisager de le quitter ?

Ilma esquissa un geste, qui avorta. Tu-aha-eh avait tourné la tête vers elle. Pour la première fois, son visage s'était départi de son masque de froideur, laissant apparaître son émotion.

— Chef Tra-Ha-Honkah, dit le guerrier, donne-moi la parole !

— Je te la donne.

Tu-aha-eh s'avança.

— Zulée dit vrai, énonça-t-il gravement. J'aime Ilma l'esclave. Il m'a fallu tout ce temps pour l'accepter, car mon cœur saignait encore de la perte de mon épouse... Il ne m'est pas facile d'exprimer tout cela devant le clan... Cependant je veux dire : dès cet instant, Ilma n'est plus mon esclave. Je l'affranchis et te demande, chef, d'approuver ma décision... Si Ilma désire suivre sa sœur, elle est libre de le faire. Mais je lui demande... de demeurer auprès des Azongahs, auprès de moi... en devenant ma femme !

Ilma ouvrit une bouche ronde. Éperdue, elle considéra le guerrier, Zulée, Tra-Ha-Honkah.

— Mais... mais... balbutia-t-elle.

Zulée s'approcha de sa cadette, lui saisit les mains.

— Ilma, dit-elle, à moi aussi, le cœur saigne à l'idée que nous soyons séparées. Mais il le faut. Je ne serai pas libre d'agir et de me défendre si je dois également veiller sur toi. Et puis tu ne peux sacrifier ta vie et ton bonheur. Si nous étions restées des Ahl-Hâkans, un jour tu aurais trouvé un époux et tu aurais vécu avec lui. Ton époux sera un Azongah et je sais qu'auprès de lui, tu auras tout ce que tu peux souhaiter... Deviens sa femme... Porte ses fils et ses filles... Un jour, je reviendrai. Il me sera doux de me reposer dans ton foyer... Mais pour l'heure, laisse-moi partir...

Zulée embrassa sa sœur. Ilma s'accrocha à ses épaules. Mais elle ne résista pas lorsque son aînée l'entraîna doucement en direction de Tu-aha-eh. Le guerrier étendit son bras droit. Zulée poussa sa sœur et il la prit contre sa large poitrine. Il échangea un regard avec la jeune femme. Puis il se tourna vers Tra-Ha-Honkah.

— Chef, et vous, mes frères du conseil, je vous demande de rendre sa liberté à Zulée. Qu'elle accomplisse sa tâche, qu'elle poursuive sa quête... Je ne sais de quel danger elle prétend nous défendre, mais j'affirme que mon bras et mes armes soutiendront sa cause si elle fait appel à moi ! Et... et je la remercie de me donner sa sœur !

Les membres du conseil conférèrent à nouveau à voix basse. Zulée attendait, très calme. L'atmosphère s'était sensiblement détendue, même si les visages conservaient de la gravité. Tra-Ha-Honkah fit un signe au sorcier.

— Chaman, désires-tu ajouter quelque chose ? demanda-t-il.

L'homme-médecine secoua négativement la tête. Tra-Ha-Honkah se raidit et frappa le sol de son bâton.

— Moi, dit-il, chef du clan des Azongahs, prononce l'affranchissement de Zulée et d'Ilma des Ahl-Hâkans, et affirme qu'elles sont désormais nos sœurs. Elles jouiront librement et dans leur intégralité des privilèges attachés à notre sang... Qui leur nuira nuira à tous les Azongahs et encourra la vengeance du clan.

Tra-Ha-Honkah frappa derechef sur le sol du talon de sa crosse. Les guerriers levèrent le poing et scandèrent le cri de ralliement de la tribu. Les femmes poussèrent de longs ululements modulés et battirent des mains. Plusieurs esquissèrent des pas de danse. Mais Tra-Ha-Honkah leva les mains et le silence revint.

— Zulée, reprit le chef, tu pourras accomplir ton destin. Nous prierons pour que tu surmontes les épreuves qui t'attendent et espérerons en ton retour... Mais avant que tu nous quittes, tu recevras, ainsi que ta sœur Ilma, le baptême de la tribu et les offrandes rituelles... J'espère ensuite que tu demeureras parmi nous jusqu'aux noces de ta sœur et de notre frère Tu-aha-eh ?

Zulée eut du mal à répondre, tant sa gorge était serrée d'émotion.

— Ce... ce sera pour moi un grand bonheur, articula-t-elle, tandis qu'éclataient des vivats.

CHAPITRE IX

— Nous arrivons aux limites de notre territoire, dit Tu-aha-eh. Nous ne pouvons aller plus loin.

Zulée hocha la tête. Devant elle, le terrain s'abaissait jusqu'à l'horizon, en une suite de ressauts et de collines basses. Très loin, il lui semblait apercevoir un ruban scintillant : le Grand Fleuve qui, disait-on, coupait le monde en deux, délimitant les contrées du couchant et celles du levant. Au-delà, ce serait l'inconnu. Aucun membre des tribus des plaines ne s'y était jamais aventuré.

— Mettons pied à terre, ajouta Tu-aha-eh.

Zulée se laissa glisser de sa selle, caressa l'encolure du poney isabelle. Elle avait été heureuse que Tra-Ha-Honkah le lui rende. Le chef s'était montré généreux. Un second poney, de bât celui-là, portait ses affaires. Elle n'avait jamais été aussi riche. Les Azongahs lui avaient fait beaucoup d'offrandes et de cadeaux à l'occasion de son baptême, puis de son départ. Des offrandes et des cadeaux peut-être un peu intéressés. Il faut savoir se concilier les grâces d'une puissante magicienne.

Ilma avait également mis pied à terre. Zulée dévisagea sa sœur. Selon la coutume, toutes deux avaient changé de nom en devenant azongahs. Ilma se nommait à présent Aowah-Keh-Helah « Celle-Qui-Sourit-Toujours », sans doute parce qu'elle ne pouvait dissimuler son bonheur d'être devenue la femme de Tu-aha-eh. Mais pour l'heure, elle ne semblait guère radieuse...

— Kaelah-O-Kankah, dit Tu-aha-eh, je suis triste de te voir partir.

Zulée sourit. Kaelah-O-Kankah... « Choisie-Par-Les-Dieux »... Son nouveau nom. Il lui plaisait bien, mais elle craignait qu'il ne fût lourd à porter.

— Je suis triste également, répondit la jeune femme. Tu diras à tous les Azongahs qu'ils demeurent en mon cœur aussi précieux que des perles et que mon espoir est de les revoir un jour proche.

— Je leur dirai...

Tu-aha-eh posa ses mains sur les épaules de sa belle-sœur. Ce fut tout. Il n'était pas homme à s'épancher. Pourtant, Zulée, alias Kaelah-O-Kankah, put voir ses yeux qui brillaient de larmes contenues.

Tu-aha-eh se détourna et Ilma s'avança. Elle avait moins de retenue que son époux. Ses larmes coulaient sur son visage.

— Zulée, gémit-elle, ne pars pas !

— Tu sais bien que je dois le faire, répliqua doucement la jeune femme. Nul n'échappe à sa destinée.

— Ce n'est pas juste !

Zulée songea au hasard qui l'avait menée dans la grotte aux Pierres de Lumière.

— C'est ainsi, soupira-t-elle.

Elle regarda vers le couchant. Ilma et Tu-aha-eh avaient tenu à l'escorter jusqu'aux limites de la plaine, mais l'instant était arrivé pour elle de plonger seule dans l'aventure. Combien aurait-elle préféré faire demi-tour et retrouver la sécurité de sa vie chez les Azongahs ! Il ne fallait pas que les larmes de sa sœur lui ôtent de son courage.

— Au revoir, Aowah-Keh-Helah, dit-elle, nommant sa sœur par son nouveau nom. La Déesse te protégera !

— Au... au revoir, Zulée ! gémit sa cadette, éclatant en sanglots.

Elles s'étreignirent longuement. Zulée se dégagea. Tu-aha-eh affectait de regarder ailleurs. Ilma se dirigea vers lui, les épaules tressautantes. Retenant férocement ses larmes, Zulée sauta en selle, talonna son cheval, partit au trot, tirant le poney de bât derrière elle.

Elle dévala un raidillon, tira sur les rênes, se retourna sur sa selle. Se découpant sur la crête, Ilma et Tu-aha-eh lui faisaient de grands signes d'adieu. Elle leva les deux bras pour leur répondre.

— Je suis une Azongah ! cria-t-elle, de toute la force de ses poumons. Je reviendrai parmi mon peuple !

Elle piqua des deux et s'éloigna au galop. Le vent emporta ses pleurs...

Zulée n'arrêta sa course folle qu'après avoir franchi plusieurs croupes boisées. Son poney était couvert d'écume et elle résolut de le laisser se reposer. Elle sauta sur le sol et regarda tout autour d'elle. Le pays ne lui semblait pas très différent de celui des Azongahs, mais on lui avait dit que plus elle s'éloignerait des hauts plateaux, plus les choses changeraient. Au-delà du Grand Fleuve s'étendait un désert. Plus loin, c'était l'inconnu...

Zulée considéra son cheval de bât, qui broutait l'herbe rase de la prairie. Elle eut un sourire empreint de nostalgie et, délibérément, détacha de sa charge la plupart des cadeaux que lui avaient faits les Azongahs. C'était un crève-cœur, car elle s'était attachée à tous ces témoignages d'amitié de son nouveau clan, mais il n'était pas question qu'elle s'encombre de tant de vêtements, bijoux, parures et colifichets divers. Elle ne conserva que ce qu'il lui fallait pour se vêtir, faire sa cuisine, s'abriter et se défendre contre d'éventuels dangers. Même ainsi, le poney lui paraissait trop chargé, mais elle ne pouvait se résoudre à *tout* abandonner.

Lorsqu'elle eut achevé son tri, Zulée se changea. Les

Azongahs lui avaient offert une longue robe de daim décorée de parles, des cuissardes ornées de franges, des chaussures à tige haute ainsi qu'une coiffe de piquants de porc-épic. C'était élégant, mais elle préférait voyager en tenue plus légère. En outre, elle ne tenait pas à afficher trop ouvertement son appartenance au clan. Qui sait si les habitants du monde qu'elle abordait n'étaient pas les ennemis des tribus des plaines ?

Fouillant dans un sac, elle en exhuma de vieilles jambières du temps où elle était esclave. Elle en caressa le cuir usé, assoupli, avant de les enfiler et de les nouer à sa ceinture. Elle ne mit rien d'autre, mais dénoua ses cheveux et les laissa crouler le long de son dos. Un souffle de vent, courant sur les collines, fit voler ses longues mèches, caressa ses jeunes seins. Elle eut l'impression de boire une liberté nouvelle...

Lorsqu'elle estima que ses chevaux étaient reposés, Zulée remonta sur son poney et prit la direction du fleuve. Cette fois, elle ne se retourna pas...

Il fallut une semaine à la jeune fille pour atteindre le cours d'eau. Le terrain était beaucoup plus difficile qu'elle avait cru, coupé de défilés, de pentes abruptes, de falaises, et nul chemin n'y était tracé. A plusieurs reprises, se retrouvant face à des obstacles infranchissables, Zulée dut revenir sur ses pas pour trouver une autre voie, mais ces contretemps n'affectaient pas sa décision d'aller de l'avant.

Elle se retrouva enfin aux abords du fleuve. C'était une région marécageuse où elle dut se montrer prudente pour ne pas s'enliser dans une des nombreuses vasières qui se dissimulaient le long des bras morts et des boucles d'où s'élevaient des nuées d'oiseaux aquatiques mais aussi, ce qui était moins drôle, des essaims de moustiques. La chaleur était lourde, l'air saturé d'humidité et Zulée abandonna ses jambières, qui lui collaient aux cuisses, chevauchant nue, mais le corps crépi de boue pour résister aux assauts des insectes.

Le fleuve était plus large que n'importe quel cours d'eau que la jeune fille avait jamais vu. Il s'étendait jusqu'à l'horizon, semé d'innombrables îles, roulant une eau limoneuse, apparemment peu profonde, mais pleine de tourbillons. Zulée médita longuement devant cet obstacle. Elle n'osait pas se lancer dans la traversée d'une pareille immensité, sans doute emplie de traîtrises. Elle résolut de longer le fleuve. Elle choisit de se diriger vers l'amont, sans trop savoir pourquoi. Peut-être était-ce la Déesse qui l'inspirait.

Elle se mit en route, attentive aux étendues de mousses pouvant recéler des dangers, et prenant des points de repère, lorsque c'était possible, afin de s'orienter au milieu des méandres du cours d'eau.

Le soir la surprit alors qu'elle se trouvait au milieu d'une étendue herbeuse un peu plus sèche, surélevée par rapport au marais. Elle alluma difficilement du feu, mit à cuire un héron qu'elle avait tué un peu plus tôt dans la journée, et renouvela la gangue de boue qui la couvrait. Avec le crépuscule, les moustiques étaient devenus enragés. Les chevaux eux-mêmes en souffraient, et Zulée alimenta son feu en joncs afin de faire le plus de fumée possible. Mais, au matin, lorsqu'elle leva le camp, tout son corps n'était que cloque et la démangeait des pieds à la racine des cheveux !

Zulée endura cette torture durant presque un mois, au point, par moments, qu'elle crut qu'elle devenait folle. Lorsqu'elle essayait de se couvrir de vêtements, elle mourait de chaleur, et lorsqu'elle se dénudait elle était dévorée. Finalement, elle accepta les moustiques avec stoïcisme. Après tout, elle en verrait sûrement d'autres...

Enfin, le paysage changea. Le fleuve était moins large, ce qu'elle avait espéré en prenant vers l'amont, et coulait entre des berges plus encaissées. Par contre son courant était plus fort, et Zulée se demandait si elle n'avait pas fait un mauvais choix. Comment pourrait-elle traverser, encombrée de deux chevaux et de bagages, au milieu des remous et des rapides ?

La solution à son problème lui apparut un beau matin, et elle se demanda si elle n'était pas victime d'une hallucination, ou d'un sortilège...

Un pont s'étendait au-dessus du fleuve, mais un pont tel qu'elle n'en avait jamais vu. Il se perdait à l'infini en direction de la rive opposée, et si haut que Zulée l'aperçut plusieurs heures avant de l'avoir approché. D'immenses piles pareilles à de la pierre claire et polie s'élevaient en direction du ciel, et un lacis de fils, qui faisaient penser à des toiles d'araignée titanesques retenait la volée au-dessus du cours d'eau. Zulée n'avait jamais entendu parler de pareils édifices, et se demanda quels dieux avaient pu l'ériger, et quelle était la puissance de leur magie. Envahie par une crainte mêlée de superstition, elle fut tentée de rebrousser chemin. Mais la seule pensée qu'elle devrait retraverser les marais et y affronter à nouveau les moustiques lui rendit son courage. Elle poursuivit son chemin, les yeux fixés sur l'ouvrage gigantesque, qui se rapprochait lentement, à chaque pas de son cheval...

Lorsqu'elle en fut tout près, Zulée se sentit plus écrasée encore par le gigantisme du pont. Mais elle découvrit en même temps qu'il était en très mauvais état. Les piles qui lui avaient semblé de pierre étaient fabriquées dans un matériau effectivement semblable à de la pierre, mais sans doute moins solide, car il s'écaillait en une multitude de fissures, et tout un champ de gravats, parmi lesquels poussaient buissons et taillis, trahissait qu'il s'érodait lentement, mais inexorablement. Le lacis de câbles était formé de torons de métal, plus épais que le corps même de Zulée, mais ils s'effilochaient en pointes aiguës comme des épées, et un grand nombre, rompus, gisaient comme des serpents immobiles.

Zulée ne comprenait pas ce qui avait pu se passer en ce lieu. Nulle légende ahl-Hâkan ou azongah ne parlait de ponts semblables à celui-ci. Quoi qu'il en soit, elle tenait le moyen de passer de l'autre côté du fleuve. Elle gravit péniblement la rampe d'accès à l'ouvrage. Le sol se dérobait sous les sabots des chevaux. Lorsqu'elle grattait avec la pointe de son coutelas la matière pierreuse, celle-ci s'effritait et de petites avalanches glissaient jusqu'au bas de la pente.

Enfin, Zulée se trouva à l'entrée du pont. Son étonnement redoubla, lorsqu'elle découvrit une sorte de chemin, également en très mauvais état, fabriqué dans le même matériau que les piles qui l'intriguaient tant. Là comme ailleurs, une végétation rabougrie, épineuse, poussait tant bien que mal.

Le cœur battant, Zulée poussa ses chevaux au petit trot. Le son des sabots, sur la route grise, lui parut étrange, peu naturel. Elle eut hâte de quitter cette construction sortie d'un autre temps, comme si une malédiction s'y attachait.

Le pont était si large qu'il lui fallut presque une heure pour le franchir. Plus elle avançait au-dessus du fleuve, et plus ce singulier sol suspendu était en piteux état. Par endroits, il semblait défoncé, et Zulée pouvait apercevoir les eaux du fleuve, roulant sinistrement loin en dessous d'elle. Elle prenait bien garde à ne pas s'approcher du vide, comme si quelque monstre pouvait soudain jaillir du fleuve et l'attaquer... à moins que ce fût tout simplement la peur de tomber !

Elle poussa un soupir de soulagement en atteignant enfin l'autre extrémité du pont. Une nouvelle surprise l'attendait. Des ruines d'habitations s'y élevaient, l'une à côté de l'autre, séparées par des passages dont l'un était encore barré par une sorte de poutrelle métallique rouillée, sur laquelle Zulée put distinguer des traces de peintures rouge et blanche. Elle s'approcha d'une des huttes et vit, au milieu d'un amoncellement de débris, un crâne humain, poli par le temps. Elle le fixa longuement, sourcils froncés.

Un petit trou rond, sur le côté du front, indiquait clairement de quelle façon était morte la créature dont elle contemplait le vestige. Mais Zulée n'avait aucune idée de la nature de l'arme capable d'infliger une telle blessure...

Zulée ne s'attarda pas et, dévalant aussi difficilement la rampe de sortie du pont qu'elle avait fait pour y monter, elle retrouva le sol ferme avec soulagement. Le soir tombait, mais elle désirait s'éloigner le plus possible de ce lieu de mort et poussa ses chevaux. Le paysage n'était plus le même que celui auquel elle avait fini par s'habituer. Un défilé coupait de hautes parois régulières, trop régulières pour être naturelles et, sur le sol, apparaissaient des plaques de ce même matériau dont était fait le pont. Craquelées à l'extrême, disjointes, souvent recouvertes par de l'herbe ou des broussailles, elles évoquaient elles aussi l'usure du temps, et quelque inexplicable cataclysme. Zulée en avait froid dans le dos !

Elle ne dormit guère, lorsqu'elle se décida enfin à camper, sursautant au moindre bruit, et se relevant souvent pour alimenter son feu afin de tenir à distance d'éventuels prédateurs. A l'aube elle remballa ses affaires et sauta en selle. Lorsque le soleil fut à son zénith, elle avait franchi une série de collines et elle découvrit une immense étendue plate. Aussi loin que son regard pouvait porter, elle ne voyait que de maigres buissons, des touffes d'une herbe grise et rase et des arbrisseaux dont les plus élevés ne devaient pas dépasser sa taille. Ce devait être ce fameux désert dont parlaient les légendes. Elle tourna la tête vers son cheval de bât. Prévoyante, elle avait rempli d'eau trois outres en peau de chèvre. Cela suffirait-il, si elle s'aventurait dans ce pays de désolation ? Rien ne l'assurait qu'elle trouverait de sitôt un point d'eau.

Zulée descendit de cheval et fit quelques pas, réfléchissant à ce problème. Le soleil tapait sur ses épaules et elle prit conscience qu'elle était toujours quasiment nue. Elle fouilla dans ses affaires et remit ses jambières, avant d'enfiler une tunique et de nouer un turban sur sa tête. Elle ne tenait pas plus aux coups de soleil qu'aux insolations !

Une fois habillée, elle remonta en selle. Elle haussa les épaules. De toute manière, elle ne pouvait demeurer ici à se poser des questions. Il fallait qu'elle aille de l'avant. Advienne que pourra, songea-t-elle...

Lorsque le soleil effleura l'horizon, derrière elle, Zulée n'avait pas découvert de point d'eau, mais s'était rendu compte que les plaques grises se poursuivaient au milieu du désert, filant en droite ligne vers le levant. Elle ne comprenait toujours pas à quoi elles avaient bien pu servir, ni qui les avait alignées là, mais elle les suivait, puisqu'elles se dirigeaient là où elle voulait aller. Elles disparaissaient parfois sous des amoncellements de rocaille ou du sable, ou des étendues d'épineux, et puis tout à coup elle les retrouvait, pareilles aux écailles d'un monstre qui se serait assoupi juste sous la surface du sol. Inexplicablement, Zulée se sentait rassurée par leur présence. C'était un point de repère, une sorte de route.

Elle campa au beau milieu d'une de ces plaques, songeant que son aridité lui permettrait de repérer à temps un fauve passant d'aventure par là. Tout au long du jour, elle n'avait rien aperçu de plus gros que des rats sauteurs et des rapaces dans le ciel. Mais elle demeurait méfiante.

Nul intrus ne la dérangea et, au petit jour, elle se remit en route. La nuit avait été fraîche mais, très vite, la chaleur se fit accablante, au point qu'elle dut s'arrêter, dresser sa tente et s'y réfugier pour tenir le coup durant les heures les plus chaudes de la journée. Elle sacrifia pour ses chevaux une part non négligeable de son eau, et se rationna d'autant. Vers le milieu de l'après-midi, elle leva le camp et, pour rattraper le temps perdu, ne s'arrêta que bien après que la nuit fut tombée. A ce moment, elle grelottait et s'était couverte de tous ses vêtements, y compris une grosse fourrure de buffle !

Zulée adopta cette façon de voyager. Lorsqu'elle s'arrêtait pour la nuit, elle posait des collets tout autour de son camp, et capturait assez souvent de ces rats à longues pattes. Ils étaient fort savoureux, grillés à la broche, et lui permettaient d'économiser ses provisions. Le seul problème, mais qui devenait aigu, était celui de l'eau.

Une semaine après avoir franchi le fleuve, les outres de Zulée étaient presque vides, et la jeune fille se demandait où elle pourrait les remplir. Elle cheminait, perdue dans ses pensées, et ne s'aperçut pas tout de suite que son chemin de plaques, ainsi qu'elle l'avait nommé, s'était dédoublé. Une voie semblable à celle qu'elle suivait s'en écartait, et filait en direction du sud. Zulée leva la tête, étonnée. C'était la première fois qu'elle notait pareil phénomène. Elle suivit du regard la nouvelle voie et distingua, à l'horizon, des masses informes, fondues dans les brumes de chaleur. Elle hésita. Mais sa curiosité fut plus forte que la prudence. Elle talonna son poney et, abandonnant la direction du levant, suivit ce chemin nouveau.

Au bout de deux heures, elle s'était rapprochée de ces masses qui l'intriguaient tant, et se rendit compte qu'il s'agissait des ruines d'une cité. Mais une cité dont elle n'avait jamais entendu parler. Une cité immense, cent fois plus imposante que la ville des Ahl-Hâkans ou le village des Azongahs. Une cité morte, dont les bâtiments s'engloutissaient dans une mer de sable. Là comme sur le pont au-dessus du fleuve, le temps avait fait son œuvre. Des pans de murs s'étaient effondrés, et ceux qui restaient debout offraient aux yeux étonnés de Zulée des alignements de fenêtres vides. Les rues, où du moins ce qu'il en restait, étaient barrées par des éboulis où poussait une végétation parasite, dense et épineuse. Par endroits, des cratères béaient, à demi comblés de débris et de terre apportés par le vent. Mais ce qui intrigua le plus Zulée, fut les traces, presque effacées, mais encore reconnaissables, d'un incendie. Un incendie qui avait dû être gigantesque : il avait balayé toute la cité !

Zulée erra un long moment dans la ville-fantôme, en proie au même malaise qu'elle avait ressenti lorsqu'elle franchissait le pont. Tout à coup, au détour d'un pan de mur criblé d'éclats dont elle se demandait quelle en était l'origine, elle découvrit, au fond d'un nouveau cratère, une sorte d'oasis. Il y poussait une végétation différente des maigres buissons auxquels elle était accoutumée. De hauts et beaux arbres élevaient un feuillage luxuriant au-dessus d'une prairie à l'herbe haute. Des fleurs blanches poussaient sur des taillis épais, et des oiseaux se poursuivaient de branche en branche en pépiant furieusement.

Zulée resta de longues secondes la bouche ouverte, à contempler cette verdoyance miraculeuse perdue dans le désert. Elle mit pied à terre et, tirant ses chevaux derrière elle, entreprit de descendre la pente instable jusqu'au fond du cratère.

Elle y parvint, au prix de quelques chutes, heureusement sans gravité. Ses chevaux piaffaient nerveusement et elle comprenait bien pourquoi. Arrivée au bas du cratère, elle les laissa aller, confiante en leur flair. Ils la menèrent droit à une petite mare, dissimulée sous une sorte d'arche de pierre à moitié éboulée. Zulée poussa un cri de victoire et, se précipitant la tête en avant, à plat ventre, plongea son visage dans l'eau fraîche. Il lui apparut qu'elle n'avait jamais rien bu d'aussi bon de toute sa vie !

Lorsque sa soif fut étanchée, Zulée se redressa et fit quelques pas le long du point d'eau. Soudainement, elle se sentit en proie à une grande fatigue. Tous ces jours interminables à marcher dans le désert... Elle résolut de s'offrir une pause. Elle dessella son poney, déchargea le cheval de bât et les laissa brouter à leur aise. Ses chevaux avaient maigri. L'herbe grasse de la prairie les changeait de celle dure et rare, dont ils avaient dû se contenter tout au long des semaines passées. Eux aussi avaient besoin de repos.

Zulée dressa sa tente, alluma un feu puis, saisissant son arc et des flèches, partit à la recherche d'un peu de viande fraîche.

Elle revint une heure plus tard, portant deux gros oiseaux au plumage coloré, qu'elle n'avait guère eu de mal à tuer, tant ils s'étaient montrés insoucieux de sa présence. Apparemment, ils n'étaient pas habitués à l'homme.

Zulée pluma et vida ses proies, les mit à la broche et, en attendant qu'elles soient cuites, se dévêtit et alla se plonger dans la mare. Elle s'y détendit, se lava de la poussière accumulée depuis le début de son voyage. Lorsque la nuit fut tombée, elle sortit de l'eau et, sans s'habiller, s'accroupit devant son feu et se mit à manger. Elle trouva la chair des oiseaux excellente. La vie lui semblait soudain plus rieuse.

Un peu plus tard, allongée sur sa fourrure de couchage, Zulée demeura un long moment à contempler les étoiles. Alors qu'elle n'avait guère eu le temps d'y songer jusque-là, elle ressentit la nostalgie de sa sœur et de ses amis. Les humains lui manquaient. Elle se demanda combien de temps s'écoulerait avant qu'elle en rencontre. Hormis cette ruine, elle n'avait découvert aucun indice d'une présence d'êtres humains dans la région. Et encore... Les humains qui avaient habité cette cité étaient retournés en poussière depuis longtemps!

Zulée se tourna sur le côté, maussade. Les humains lui manquaient. Les hommes... Et pas seulement pour leur présence ou leur conversation. Elle ressentait un vide physique qui commençait à devenir pesant.

Elle s'endormit en se demandant depuis combien de temps elle n'avait plus fait l'amour...

CHAPITRE X

Zulée resta trois pleines journées dans son petit paradis, à se reposer et laisser ses chevaux se refaire des forces. Elle en profita pour explorer la ville, mais ne découvrit pas grand-chose qui pût l'éclairer sur ce qui s'était produit en ce lieu. Tout était effacé par le temps, l'érosion, l'avancée du désert et de la végétation là où persistait quelque humidité.

Ce fut sans regret qu'enfin Zulée reprit sa route vers l'est. Elle avait empli ses trois outres, plus une quatrième qu'elle s'était confectionnée avec une des peaux dont lui avaient fait cadeau les Azongahs. Elle retrouva la chaleur torride du désert, l'immensité aride, et les plaques grises affleurant le sol, craquelées sous l'implacable soleil.

Rien ne changea durant trois semaines. Zulée arriva au bout de son eau et dut à nouveau endurer une soif de plus en plus dévorante avant de découvrir une mare, dans un repli de terrain. L'eau était alcaline, désagréable au goût, mais elle dut s'en contenter.

La jeune fille commençait à se demander si ce désert prendrait fin un jour. Elle cheminait et ne voyait que les éternelles rocailles, des dunes de sable, des touffes d'herbe rabougrie, et ces rats-sauteurs dont la chair, à présent, lui donnait des hauts-le-cœur quand elle la consommait. Elle aurait voulu que quelque chose survienne, n'importe quoi, qui rompe la monotonie de son voyage. Lorsque la soif ne la taraudait pas trop, elle tenait de longs monologues, discourant avec ses chevaux, pour ne pas oublier le son de sa voix. D'autres fois, elle essayait de se remémorer des histoires comiques qui lui étaient arrivées, ou à Ilma, ou à n'importe qui, juste pour éclater de rire. Des éclats de rire qui s'achevaient souvent en sanglots...

Et puis, un beau jour, les plaques grises disparurent. Elles s'étaient espacées, se faisant plus rares, plus petites, brisées parfois en mille morceaux. Lorsque Zulée se rendit compte qu'elle n'en découvrait plus, elle resta un moment perplexe. Cette route sortie d'un autre temps lui était devenue familière, la guidant dans son interminable voyage. Il lui semblait que son aventure prenait un tour nouveau.

Par le fait, le paysage changea progressivement et elle comprit qu'elle sortait enfin du désert. Des prairies, rases d'abord, puis plus drues, coupaient l'étendue des rocailles, et des arbustes poussaient courageusement dans des replis de terrain. Un matin, Zulée aperçut une petite antilope. L'animal s'enfuit alors qu'elle portait la main à son arc. Sa réaction lui fit comprendre qu'elle connaissait l'homme, au contraire des oiseaux qu'elle avait chassés dans la ville fantôme. Zulée se sentit ragaillardie à l'idée de n'être plus seule au monde, même si elle ignorait tout de ceux qui pouvaient vivre dans ce pays aux confins du désert.

Alors qu'elle avait à nouveau épuisé sa réserve d'eau, elle découvrit un ruisseau qui serpentait entre deux talus encaissés, et au bord duquel se dressaient des saules rabougris. Tout en s'abreuvant, Zulée se dit qu'elle allait devoir redoubler de prudence. Ses véritables épreuves étaient encore à venir...

Le désert était bien derrière elle. Trois jours après en avoir franchi la limite, Zulée chevauchait dans une vaste plaine herbue coupée de forêts aux essences qu'elle ne connaissait pas, mais qui lui procuraient des fruits variés, délicieux, dont elle ne se rassasiait pas. Elle apercevait, de loin en loin, des troupeaux d'animaux assez semblables aux buffles de son pays, mais au poil sombre et ras et aux longues cornes. Ou bien c'était des antilopes, des cerfs, biches, chevreuils ou sangliers. Toute cette faune gardait ses distances, ce qui la confortait dans sa certitude que cette contrée était peuplée. Mais où se trouvaient donc ses habitants ?

Au quatrième soir, elle les découvrit. Ou plutôt ce qu'il en restait...

Dès le milieu de l'après-midi, son attention avait été attirée par des vols de charognards, au-dessus de la plaine. Sans trop savoir pourquoi, Zulée s'était dirigée dans la direction qu'indiquaient les oiseaux. Alors que le crépuscule s'annonçait, elle arriva au bord d'une rivière. La première chose qu'elle vit fut un champ où poussaient des courges et des melons. Son cœur s'accéléra. Enfin ! Enfin elle découvrait une trace tangible de la présence d'humains. Elle contempla longuement les fruits, émue jusqu'aux larmes. Mais cette émotion ne l'empêcha pas de saisir son arc et d'accrocher son carquois à sa ceinture. Elle ne pouvait savoir comment on la recevrait.

Elle longea le champ et déboucha sur un sentier. Dans la boue séchée étaient imprimées de nombreuses traces de pieds nus. Zulée talonna son cheval. Au-dessus de sa tête, les vautours volaient par dizaines. Elle encocha une flèche sur son arc.

Elle découvrit d'autres champs, alignés le long de la route. Ni les Ahl-Hâkans ni les Azongahs ne possédaient une agriculture très élaborée, et Zulée était impressionnée par la superficie de ces zones cultivées. Les variétés de légumes et de céréales étaient des plus diverses. Les habitants de ces lieux ne devaient pas connaître la disette !

Soudain, une odeur de fumée arriva aux narines de Zulée. La jeune fille retint son cheval, huma l'atmosphère de cette fin de jour. Ça n'était pas l'odeur de feux domestiques. Un relent de chair brûlée se mêlait à celle du sang frais... Une puanteur de mort...

Zulée talonna son poney, prête à décocher sa flèche et à piquer des deux. Elle franchit une haie d'arbres bien taillés... et découvrit un village.

Elle découvrit aussi, gisant sur le sol, les cadavres de ses habitants.

Zulée demeura comme frappée par la foudre. Incrédule, elle contemplait les dizaines de corps allongés sur la place centrale du village, et que se disputaient les vautours. Il y avait des hommes, des femmes, des enfants, baignant dans des mares de sang coagulé. Certains montraient d'abominables mutilations. On avait émasculé les hommes, éventré les femmes. On avait déroulé leurs entrailles, coupé les mains et les pieds. Des enfants avaient été empalés sur des pieux, d'autres cloués sur les portes des maisons. Des dizaines de têtes, toutes scalpées, les yeux crevés, entouraient un feu où achevaient de rôtir des bras, des jambes, des troncs découpés.

— Par la Déesse, gémit Zulée, qui a pu faire une chose pareille ?

Une effroyable puanteur flottait sur le charnier, et Zulée fouilla dans son sac à la recherche d'une bande de peau qu'elle s'attacha sur le visage. Des maisons qui brûlaient encore montait une chaleur presque insoutenable. Zulée aurait bien aimé visiter une de ces habitations — cela l'eût peut-être renseignée sur les mœurs des villageois — mais elle n'en avait pas le courage. Faisant volter son cheval, elle s'éloigna au grand galop !

Zulée ne ralentit l'allure qu'à plus d'une lieue du village. Elle était bouleversée. Jamais elle n'avait entendu raconter qu'aucune tribu des plaines se soit acharnée aussi sauvagement sur un clan ennemi, et pourtant toutes menaient leurs guerres avec férocité. On eût dit que ceux qui avaient attaqué les villageois s'étaient ingéniés à faire étalage de la cruauté la plus débridée. Quelle haine pouvait donc habiter leurs cœurs, pour les pousser à commettre d'aussi abominables crimes ? Une peur sans nom habita le cœur de Zulée à l'idée qu'elle pourrait rencontrer ces monstres. L'état du village, celui des corps, montraient que le drame s'était déroulé quelques heures à peine avant son arrivée. Les assassins devaient se trouver encore dans les parages. La nuit tombait, mais Zulée décida de ne pas s'arrêter pour camper. Elle voulait mettre le plus de distance possible entre elle et le village détruit. La lune se levait, elle éclairerait bien assez sa route !

Zulée obliqua en direction du levant, coupant à travers les herbages. Elle découvrit une rivière, et la traversa à gué, avant d'atteindre une suite de collines basses semées d'épais taillis. Elle n'aimait pas trop ce décor, surtout de nuit, et s'efforça de chevaucher à l'écart des couverts. Elle se méfiait de tout. Un craquement de branches la faisait sursauter, le cri d'un animal sauvage la voyait porter la main à son arc. Peu à peu, cependant, elle se calma. Rien ne venait troubler la nuit, et les seules présences qu'elle entrevit furent celle d'un loup en chasse, puis celle d'un grand duc que sa venue dérangeait et qui s'envola en hululant.

La nuit était bien avancée lorsqu'au bas d'une pente, Zulée tomba sur une nouvelle route. Elle arrêta son cheval et considéra avec appréhension le long ruban, clair sous la lune. Il était en bien meilleur état que ce qu'elle avait vu dans le désert. Les plaques n'étaient plus séparées par de larges intervalles, mais à peu près jointives, et dans les fissures ne poussaient que de rares bouquets d'épineux, dont les rameaux brisés trahissaient que des hommes empruntaient régulièrement ce chemin.

Zulée réfléchit un moment, dubitative. Elle était fatiguée, aurait bien voulu s'arrêter là et dormir. Mais il n'était pas question qu'elle campe à découvert au milieu de cette voie. Elle avisa un bosquet, à quelque distance.

— Allons ! dit-elle à son cheval. Là-bas, on sera à l'abri.

Elle poussa sa monture au trot. Elle ne se sentit soulagée que lorsqu'elle se retrouva dans l'ombre d'un pin touffu. Elle mit pied à terre, étira ses muscles ankylosés par son interminable chevauchée. Quel chemin avait-elle parcouru, depuis le village ? Cinq lieues ? Peut-être six... Elle se détendit. Si les pillards avaient anéanti tout un village, c'est qu'ils étaient nombreux. Une troupe ne se serait pas déplacée aussi vite qu'elle. Elle pouvait s'estimer à l'abri... à condition de prendre certaines précautions, la toute première étant de ne pas allumer de feu. Ma foi... Elle mangerait froid, ça ne la dérangerait pas beaucoup !

Zulée dessella son cheval, déchargea le poney de bât, laissa les deux animaux brouter. Elle ouvrit son sac, en tira une lanière de viande séchée, dans laquelle elle mordit à belles dents. La nuit était calme. Elle n'entendait aucun bruit. Son cheval hennit doucement et elle sourit. Elle aimait ses poneys. C'était des compagnons, des amis fidèles. Ils la comprenaient et elle les comprenait. Peu d'êtres humains avaient été aussi proches d'elle.

Zulée songea à Ilma. Que faisait sa sœur, en cet instant ? Elle devait dormir entre les bras de son époux. Elle lui manquait.

Zulée acheva son repas, but un peu d'eau à sa gourde, déroula sa fourrure de couchage. Une envie grandissante la titillait. Elle s'éloigna de quelques pas, s'accroupit derrière un buisson, retroussa sa tunique.

Alors qu'elle se redressait, elle perçut un mouvement sur sa droite. Elle se figea, son souffle lui manquant soudain...

Une lourde masse s'abattit sur elle, un bras se referma autour de sa gorge, l'étouffant à moitié. Elle rua, se débattit de toutes ses forces. Un souffle brûlant, sur sa nuque, une haleine aux relents d'alcool, la firent hurler de terreur. Elle distingua plusieurs silhouettes, devant elle, entendit un ricanement.

Elle ne vit pas venir le coup. Une violente douleur la coupa en deux, son souffle lui manqua, ses forces l'abandonnèrent. Elle s'amollit, cherchant désespérément une goulée d'air. L'homme qui la tenait par derrière desserra son étreinte, mais lui saisit le bras droit et le lui remonta dans le dos, si brutalement qu'elle crut qu'il lui disloquait l'épaule.

Une main agrippa le col de sa tunique, tira dessus. Elle entendit le cuir se déchirer. De son bras libre, elle essaya d'atteindre un visage qu'elle distinguait vaguement, en face d'elle. Elle le manqua, reçut en retour une gifle qui lui fendit les lèvres. Un goût de sang dans la bouche, elle éructa. Des doigts lui tordirent les pointes des seins et elle glapit de souffrance. Sans la lâcher, son premier agresseur lui arracha sa tunique. La fraîcheur de la nuit, sur son corps dénudé, lui redonna un regain de vigueur. Elle rua de nouveau, et son pied botté s'enfonça dans quelque chose de mou. Un cri de douleur l'assourdit, mais presque aussitôt, une grêle de coups s'abattit sur elle. La tête bourdonnante, le corps tordu de souffrance, elle sentit ses jambes se dérober sous elle. L'homme qui la tenait la jeta brutalement sur le sol. Elle y demeura, étourdie. On la saisit aux épaules pour l'immobiliser. Un homme se pencha sur elle. Elle en distingua d'autres, en arrière-plan. Combien étaient-ils ?

Ses jambes furent brutalement écartées et la brute se coucha sur elle, l'écrasant sous son poids. L'homme sentait mauvais, son visage était couvert d'une barbe qui lui irrita le visage.

Zulée hurla lorsque le membre plongea en elle et la déchira. Pourtant, à cet instant, son sang-froid lui revint. Alors que son agresseur commençait à se mouvoir par à-coups brutaux, ce fut comme si elle s'évadait d'elle-même. Elle flotta au-dessus de son propre corps, et toute la scène lui apparut, exactement comme lorsqu'elle était en proie à ses visions magiques. Les hommes étaient dix, vêtus d'étranges haillons, leurs visages bestiaux reflétant leur avidité de viol. Ils ne ressemblaient à aucune race ou tribu qu'elle pouvait connaître. Ils portaient des armes qui ne ressemblaient ni à des arcs, ni à des épieux, et s'exprimaient dans une langue gutturale, entrecoupée d'onomatopées sonores.

Zulée sut qu'elle pouvait anéantir ces brutes affairées à la souiller. Il lui suffirait d'un claquement de doigt, comme elle avait dit aux Azongahs. Mais, à travers son état second, le visage de la Déesse lui apparut, souriant, empli de compassion. Son esprit communia avec celui de la divinité, s'emplit de son essence surnaturelle. Zulée *sut* qu'elle ne devait pas tuer ses agresseurs. Ils faisaient partie de son destin, avaient leur place dans le rôle qu'elle était en train de remplir au nom des hommes des plaines. Ils la menaient là où elle devait aller...

L'homme qui la possédait poussa un beuglement et elle eut la sensation de son membre qui se contractait au fond d'elle et la profanait de sa semence. Elle détourna le visage, sans pouvoir retenir des larmes de honte. Elle ne se débattait plus. Que s'accomplisse la Volonté de la Déesse... Qu'elle s'accomplisse VITE !

Avec un rire grasseyant, son violeur l'abandonna. Un autre s'avança entre ses cuisses et, non moins brutal, prit sa place. Zulée attendit, passive. L'homme jouit. Un troisième lui succéda...

Ils la prirent tous, chacun son tour. Le dernier fut celui qui s'était jeté sur elle et il choisit de s'enfoncer dans sa croupe, ce qui la fit hurler de douleur et se tordre de rire les autres. Heureusement, l'homme devait être au summum de l'excitation, et son spasme survint très vite. Il la lâcha et la repoussa, la laissant meurtrie et sanglotante. Elle demeura immobile sur le sol, traversée de frissons de souffrance. Elle se sentait avilie comme elle n'avait jamais cru pouvoir l'être un jour, et ce qui coulait d'elle, poissant ses cuisses, l'emplissait d'horreur. Malgré sa confiance en la Déesse, elle eut peur. Allait-on la tuer ?

Une main l'empoigna par les cheveux, les tordant férocement pour qu'elle se relève. Elle obéit. Quelqu'un lui tira les poignets dans le dos, les lia si serrés qu'elle haleta de douleur.

— Une belle pute de plus ! ricana une voix.

Zulée n'eut pas le temps de se demander par quel sortilège elle avait pu comprendre ces chiens. Un des hommes poussa un cri bref. Les autres braquèrent leurs armes en direction des deux poneys.

— Non ! cria Zulée. Pas ça !

Un poing s'écrasa sur sa tempe. Un crépitement retentit, plus sonore que le roulement du tonnerre. Des éclats de lumière saccadés trouèrent la nuit. Horrifiée, Zulée vit ses chevaux s'abattre, ensanglantés, hennissant de souffrance.

— Maudits... gémit la jeune femme. Je vous... tuerai !

Criant d'excitation, les brutes s'acharnèrent sur les deux poneys bien après qu'ils eurent cessé de se débattre. Zulée contemplait l'horrible spectacle à travers le brouillard de ses larmes. Une odeur âcre, inconnue, emplissait l'air.

— Ça va comme ça ! gronda celui qui semblait être le chef du groupe. On se tire !

Un des hommes donna un grand coup de pied dans les affaires de Zulée, les expédiant dans le feu. Le cœur brisé, la jeune femme vit sa tente, ses vêtements, les cadeaux des Azongahs, s'embrasser comme de l'étoupe. Elle ne pouvait retenir ses sanglots.

Un des hommes se pencha sur elle.

— La prochaine fois que tu voudras pisser, lui susurra-t-il à l'oreille, veille à ce que personne te voie !

Zulée le regarda. Les mots lui vinrent spontanément à

la bouche, sans qu'elle eût songé à ce qu'elle disait, ni dans quelle langue elle le disait, ni même ce qu'ils signifiaient réellement :

— Tu n'es qu'un fils de porc ! siffla-t-elle.

L'homme parut surpris, mais guère touché par l'insulte.

— Eh, s'écria-t-il, elle cause comme nous, cette salope !

— Alors dis-lui de te sucer ! glapit un de ses compagnons, ce qui provoqua une cascade de rires.

L'homme pinça un des seins de Zulée.

— Ça risque pas ! Elle me la couperait avec ses dents !

— Je te... ferai bien pire... gronda Zulée.

L'homme la gifla.

— Assez causé ! gronda le chef du groupe. On a du chemin à faire !

Brutalement poussée en avant, Zulée se mit en marche. Oh oui ! Si elle ne s'écoutait pas, elle leur ferait bien pire, à ces fumiers !

Suivant ses ravisseurs, Zulée marcha toute la nuit. Lorsque l'aube se leva, les hommes descendirent au fond d'un vallon où s'étirait une route. Un camp était établi à proximité d'un ruisseau. Des hommes semblables à ceux qui avaient violé la jeune fille vaquaient à leurs occupations, autour d'étranges chariots métalliques, et surveillaient un groupe d'hommes et de femmes nus, entravés, qui attendaient, accroupis sur le sol. L'arrivée de la petite troupe provoqua une agitation subite. Des saluts furent échangés, des appels, des plaisanteries. D'un des chariots, un gros homme apparut, torse nu et le crâne rasé. Il interpella le chef du groupe :

— Et alors ? cria-t-il. On vous croyait perdus ! On était sur le point de rentrer !

— On s'est un peu attardés, répondit le pillard. On a bien fait ! On a découvert celle-là !

Il empoigna Zulée par les cheveux, la poussa vers le chauve. L'homme la reçut contre lui, la repoussa, la saisit à bout de bras, la considéra d'un regard à la fois féroce et intéressé.

— Elle est pas comme les autres, grogna-t-il.

— Elle parle notre langue, précisa un des hommes.

— Ah ouais... C'est vrai, ça ?

Zulée resta muette. Le gros homme lui saisit la joue, la pinça avec méchanceté.

— T'as pas envie de me montrer comment tu parles bien ?

Zulée grondait de souffrance. L'homme la lâcha, haussa les épaules.

— De toute façon, je m'en fous, maugréa-t-il. T'es plutôt pas mal fichue... C'est une chance pour toi ! (Il ajouta, pour ses hommes :) Mettez-la avec les autres !

Zulée fut poussée vers les prisonniers. Elle espéra qu'on lui délierait ses poignets, qui étaient devenus insensibles, mais il n'en fut rien. Un des hommes la frappa à l'arrière des genoux avec son arme.

— A terre ! ordonna-t-il.

Elle s'accroupit. Les prisonniers la regardaient par en-dessous, avec crainte, mais curiosité. Elle leur rendit leur regard. Ils étaient tous jeunes et, malgré les traces des brutalités qu'on leur avait infligées, robustes et, pour les femmes, le corps harmonieux. C'était sans doute les seuls survivants du village détruit. Mais elle n'eut pas le loisir de poser de question. Des pillards vociférants s'approchèrent d'eux et les firent se relever, puis les poussèrent vers les chariots.

— Montez, tas de pouilleux ! cria l'un des hommes. Et plus vite que ça !

Il leva son arme vers le ciel et, à nouveau, le crépitement sonore retentit. Avec des cris de terreur, les prisonniers se hâtèrent vers les chariots et y grimpèrent en se bousculant. Zulée fit comme eux. Elle se demandait comment ces chariots allaient pouvoir rouler : elle n'avait vu ni chevaux ni bœufs de trait.

Des grondements sourds se firent entendre, en même temps qu'une lourde puanteur venait aux narines de la jeune fille, et les chariots s'animèrent. Zulée écarquilla les yeux de stupeur. C'était inconcevable. Les chariots se mouvaient SEULS !

Un cahot la projeta sur une adolescente, qui la repoussa d'un coup d'épaule. Elle la regarda. Elle avait les yeux vides, et une balafre de sang séché zébrait son visage. Mais ses mains étaient libres.

— Délie-moi, souffla Zulée. Je n'en peux plus...

La fille ne réagit pas. Zulée se pressa contre elle.

— Délie-moi ! insista-t-elle. Vite !

La fille tressaillit, et une lueur passa dans ses prunelles. Elle dévisagea Zulée, cligna des paupières comme si elle s'éveillait d'un long sommeil.

— Délie-moi, répéta la jeune femme.

Elle se détourna, offrit maladroitement ses mains à la fille. Au bout d'un temps qui lui parut infini, elle sentit les doigts de l'adolescente s'affairer sur les nœuds qui l'entravaient...

Lorsque les liens cédèrent et que le sang circula à nouveau dans ses veines, Zulée dut se mordre les lèvres pour ne pas hurler de douleur. Mais elle avait une certitude : les pouvoirs de la Déesse ne l'avaient pas quittée. A elle d'en faire bon usage...

CHAPITRE XI

Au sixième jour du voyage dans les camions — c'était le nom des chariots —, trois des prisonniers étaient morts d'épuisement et des mauvais traitements que les pillards leur infligeaient. Les autres, Zulée comprise, ne valaient guère mieux. Crevant de chaleur durant la journée à l'intérieur des véhicules surchauffés, gelant la nuit, car ils étaient nus et nul ne leur avait distribué la moindre couverture, ils baignaient dans leurs déjections et devaient se contenter, pour toute pitance, d'une boule de pain au matin, et d'un peu de bouillie insipide le soir.

Zulée ne parvenait pas à comprendre comment des êtres humains pouvaient en traiter d'autres plus durement que le plus brutal des Iwins aurait traité un animal. Lorsqu'elle entr'apercevait un de leurs geôliers, elle se demandait si ce n'était effectivement pas un démon à face humaine, ainsi qu'elle l'avait perçu lors de sa vision. Ils étaient laids, grossiers, ils sentaient mauvais et ne s'exprimaient que par des bordées de jurons, se battaient parfois entre eux après s'être adonnés à des libations sans mesure. Ni les Ahl-Hâkans, ni les Azongahs, ni aucune autre tribu des plaines ne s'adonnaient à l'alcoolisme, hors les chamans, au cours de certaines cérémonies rituelles, et un tel comportement choquait profondément Zulée. Et que dire de leur soif sexuelle !

Chaque soir, ils choisissaient une ou plusieurs de leurs prisonnières et, sans paraître rebutés par leur état de saleté, les violaient longuement. Zulée subit cette profanation, et ne dut qu'à un effort de volonté surhumain de ne pas se révolter à foudroyer ses tourmenteurs.

C'est qu'au contraire de ses compagnons de captivité, Zulée savait qu'elle pouvait s'échapper si elle le désirait, et c'était d'autant plus difficile pour elle d'accepter ses conditions de captivité. Mais cela faisait partie des épreuves qu'elle se devait d'endurer pour remplir sa mission. En outre, elle éprouvait de la pitié pour les malheureux dont elle partageait le mauvais sort. Ils étaient tous très jeunes, presque encore des enfants, et leurs lamentations lui crevaient le cœur. Après bien des tentatives, elle était parvenue à percer leur mutisme. Elle avait compris qu'ils la craignaient, elle une étrangère, autant qu'ils craignaient les pillards, et elle s'était efforcée de les amadouer, soulageant leurs peines pour autant qu'elle le pouvait.

Elle avait ainsi appris que leur village avait appartenu à la nation des Atagis — une nation dont elle n'avait jamais entendu parler — et qu'il avait toujours vécu en paix, jusqu'à ce que les pillards arrivent et se livrent au massacre de toute sa population, n'emportant qu'un petit nombre de prisonniers.

Zulée questionna ses compagnons sur ces mystérieux pillards. Mais les Atagis ne savaient pas grand-chose. On disait que ces diables, venant de très loin, avaient bâti un empire au détriment des peuples locaux, qu'ils avaient exterminés. A présent, il advenait que certains de ces diables fassent des incursions vers le couchant, mais jamais les Atagis n'avaient ouï parler de pillages et de rapts de populations. Ils avaient été complètement surpris, et n'avaient même pas eu le temps de se défendre. Au reste qu'auraient-ils pu faire, avec leurs lances, arcs et épieux, en face d'armes qui crachaient la foudre et tuaient à distance ?

Ces précisions ne manquèrent pas d'inquiéter Zulée. Elles corroboraient ses visions. Ce peuple qui menaçait, telle une vague irrésistible, les nations des plaines, était bien réel et redoutable. Malgré ses pouvoirs de magicienne, elle se demandait comment elle, pauvre fille iwin, parviendrait à le vaincre. La Déesse ne lui accordait-elle pas plus d'importance qu'elle n'en avait ?

Zulée ne révéla pas aux Atagis sa véritable nature. Il ne fallait pas qu'elle éveille les soupçons. Si les pillards — que les Atagis nommaient Acrathès — pensaient qu'elle était une magicienne, ils pourraient vouloir la tuer. Qui sait si leurs armes ne relevaient pas d'une autre magie, capable de mettre celle de la Déesse en échec ?

Lorsqu'ils se furent un peu apprivoisés, les Atagis la questionnèrent à son tour. Qui était-elle ? D'où venait-elle ? Pourquoi voyageait-elle ? Comment avait-elle été faite prisonnière ? Elle répondit à toutes ces questions, mais se rendit vite compte que les Atagis n'avaient jamais imaginé que d'autres peuples pouvaient vivre au-delà du désert. Au fond, cela ne les intéressait pas. Leur économie, leur façon de vivre, leur religion, reposaient sur une sévère autarcie, qui leur faisait ignorer volontairement les nations voisines de la leur. Quelques clans frontaliers commerçaient avec des étrangers, mais les relations n'allaient pas plus loin.

— Vous ne vous faites jamais la guerre ? s'étonna Zulée.

— Pourquoi ? lui répondit la jeune fille qui l'avait libérée et se nommait Izah. Nous avons tout ce que nous voulons. Il est inutile d'aller le prendre à d'autres !

Zulée médita longuement cette phrase. Elle ne manquait pas de bon sens. Pourtant, à trop demeurer repliés sur eux-mêmes, les Atagis n'avaient pu faire face à l'attaque des Acrathès. Face à un clan belliqueux, même les plus pacifiques se devaient de pouvoir se défendre...

Le voyage se poursuivit durant de longs jours. Une

adolescente mourut et son corps fut abandonné aux charognards. Et puis, à leur grand étonnement, les prisonniers virent leurs conditions de détention s'améliorer sensiblement. Ils eurent droit à une meilleure nourriture et leurs geôliers cessèrent de les battre. Un beau matin, le convoi fit halte au bord d'un fleuve et, sous la garde d'hommes armés, les détenus furent invités à s'y laver. L'eau était froide, mais Zulée, comme ses compagnons de misère, s'y plongea avec délice. Elle se lava interminablement, se frottant la peau avec une délectation sauvage. Pendant ce temps, certains parmi les pillards s'affairèrent à laver l'intérieur puant des camions à grande eau.

— Pourquoi est-ce qu'ils font ça? demanda Izah à Zulée.

— Je n'en sais rien. Peut-être que notre odeur les incommodait...

La halte dura deux bonnes heures. Après les prisonniers, ce furent leurs gardiens qui firent un brin de toilette. Certains taillèrent même leurs barbes hirsutes, ce qui, aux yeux de Zulée, ne les rendit pas plus beaux.

Enfin, le signal du départ fut donné. Mais avant d'être embarqués dans les camions, les détenus furent enchaînés deux par deux, à l'aide de fers passés autour du cou. Zulée fut ainsi accouplée à Izah. Elle s'en réjouit, dans son malheur. Elle avait sympathisé avec la jeune Atagi, qui lui rappelait Ilma.

Les camions redémarrèrent. Ils roulaient sur une route moins défoncée que celles qu'ils avaient empruntées jusque-là. Par une fente dans la bâche qui les couvrait, Zulée put se rendre compte que le paysage était très différent de ceux des plaines. La campagne semblait plate et passablement désolée. De grandes étendues caillouteuses s'étendaient à perte de vue, rappelant le désert. Par endroits, des forêts d'arbres morts, pétrifiés, étendaient leurs branches semblables à des squelettes. Mais ce qui intrigua le plus Zulée fut les ruines qui se succédaient à intervalles de plus en plus rapprochés. Des dizaines de villes et de villages avaient été anéantis, et il n'en subsistait que des pans de murailles rongés par le temps. C'était encore plus sinistre que dans la cité que la jeune fille avait explorée, aux confins du désert. Zulée ressentait, de façon presque physique, l'empreinte de la mort régnant sur ces horizons sinistres.

Les pillards ne semblaient guère affectés par cette vision de cauchemar. Ils riaient, plaisantaient, faisaient montre d'une gaieté grandissante. Lorsque le soir tomba et qu'ils firent halte, ils se jetèrent sur leurs prisonniers et s'offrirent une partie de débauche débridée, sans pour autant leur ôter leurs chaînes. Le chef de la troupe, qui paraissait avoir un faible pour Zulée, et qui avait décidément goût pour la chose, la sodomisa longuement et, sans doute pour qu'il n'y eût pas de jalouse, en fit autant pour Izah. Si Zulée avait fini par s'habituer à cette pratique, et la subissait stoïquement, il n'en fut pas de même pour la jeune Atagi, qui souffrit le martyre et demeura pantelante et désespérée quand la brute l'abandonna enfin. Zulée s'efforça de la consoler, mais n'eut pas l'impression que ses paroles ou ses caresses servaient à grand-chose. Dans son cœur, la haine qui commençait à poindre pour ces chiens à la peau claire ne fit que grandir...

Deux jours plus tard, les prisonniers comprirent pourquoi ils avaient été si bien traités. Le convoi arriva auprès d'une nouvelle cité, d'apparence un peu moins délabrée que celles qui avaient été aperçues jusque-là, puisque nombre de maisons semblaient avoir été plus ou moins réparées. Une foule d'hommes et de femmes en jaillit, qui firent bruyamment fête aux arrivants. Des coups de feu retentirent — Zulée avait appris que c'était le nom des détonations que provoquaient les étranges armes qui tuaient à distance —, des vivats. Et, lorsque les camions stoppèrent et que les pillards en descendirent, il y eut de vives effusions, des plaisanteries et des commentaires enthousiastes que Zulée ne comprit pas dans tous les détails, mais dont elle saisit le sens général : la chasse avait été bonne !

Les prisonniers furent descendus des camions et poussés dans un enclos que gardaient plusieurs hommes d'armes. Ils se serrèrent craintivement les uns contre les autres, tandis que la foule faisait cercle pour apprécier les prises. Les Atagis gémissaient de terreur. Plus calme, Zulée observait les Acrathès. Ils se ressemblaient tous, hommes, femmes, enfants, avec la même brutalité dans le regard, les mêmes propos grossiers dans leurs bouches avides. Ils étaient vêtus des mêmes loques, portaient tous des armes. Zulée comprit qu'il n'y avait rien de bon à attendre d'eux.

— Qu'est-ce qu'ils vont faire de nous ? gémit un jeune Atagi.

— Qu'est-ce que tu crois ? grinça une voix derrière le groupe de prisonniers. Ils vont vous vendre !

Les captifs se retournèrent. Un homme venait de sortir d'une hutte basse, construite au fond de l'enclos. Il était nu, comme eux, et semblait en bonne santé. Son regard les fixait aussi impitoyablement que ceux des Acrathès.

L'homme s'approcha des adolescents qui reculèrent, apeurés. Zulée se porta en avant.

— Qui es-tu ? interrogea-t-elle.

L'homme la toisa, apparemment étonné par son attitude.

— Un prisonnier, comme vous ! répondit-il. Un pauvre imbécile qui s'est fait prendre et qui sera bientôt l'esclave d'une famille kerhouze, loin dans l'est !

— Qui sont les Kerhouzes ?

— D'où sors-tu, pour l'ignorer ?

— J'arrive de très loin, plus loin que le désert au couchant. J'ai fait un long voyage. Je me nomme... Kaelah-O-Kankah, et j'appartiens au clan des Azongahs !

L'homme ricana.

— Jamais entendu parler... Et je m'en fous ! D'où que tu viennes, t'es baisée, ma jolie !

Zulée comprenait mal la familiarité grossière du prisonnier. Elle répéta, d'une voix égale :

— Qui sont les Kerhouzes ?

— Personne ne le sait au juste. Un jour ils sont apparus, venant d'au-delà de la mer. Ils se sont installés sur des terres qu'ils ont prises aux clans locaux, après les avoir massacrés. Ils possèdent des armes puissantes et ont soif de conquête. Ce sont des brutes assoiffées d'or et leurs dieux sont des dieux de guerre. Lorsqu'ils s'en prennent à une tribu, celle-ci est condamnée !

— Les Acrathès, ce sont des Kerhouzes ?

L'homme eut un rictus méprisant.

— Les Acrathès n'appartiennent à aucun peuple. Ce sont des mercenaires sans foi ni loi, des assassins, des trafiquants. Ils se vendent aux Kerhouzes, leur procurent des esclaves, des fourrures, des pierres précieuses.

— Mais... ces camions ? Ces armes à feu ?

— Ils leur viennent des Kerhouzes. Mais on dit que les Kerhouzes possèdent des moyens de destruction bien plus conséquents. On dit qu'ils possèdent la magie d'un feu invisible qui anéantit toute vie à la surface du sol. Ils la tiendraient des puissances de l'Ombre...

L'homme cracha par terre.

— Un jour, il n'y aura plus que les Kerhouzes. Ils auront exterminé tous les autres peuples. J'espère que je serai mort avant !

Il se détourna et, sans rien ajouter, retourna dans sa case. Perplexe, Zulée fixa ses compagnons d'infortune. Devait-elle leur révéler qui elle était, pour leur donner un peu de courage ? Non... Il valait mieux que nul ne puisse la soupçonner. Mais tout de même... Elle aurait bien aimé pouvoir se confier à une oreille amie. Elle crevait de peur à l'idée de devoir affronter ces terribles Kerhouzes.

*
**

Pour Zulée, à la fois Ahl-Hâkan et Azongah, fille des plaines attachée viscéralement à la notion de dignité individuelle, le plus difficile fut de s'adapter à la présence continuelle de ses compagnons de captivité. Les Acrathès ne traitaient pas trop mal leur prisonniers — essentiellement pour qu'ils soient en bonne condition physique le jour où ils les vendraient — mais, à l'intérieur de l'enclos et sous la hutte-refuge, régnait une totale promiscuité. Deux autres convois de camions étaient arrivés et, à présent, l'enclos abritait plus de quarante garçons et filles, appartenant à divers peuples et qui, d'instinct, demeuraient groupés selon leur clan.

Les heures coulaient, monotones, rythmées par la routine de la captivité. A intervalles réguliers, les Acrathès apportaient une nourriture simple, mais assez abondante, aux prisonniers, ou les emmenaient, par roulement et sous bonne escorte, jusqu'à une mare où ils devaient faire leur toilette. Ils semblaient beaucoup plus préoccupés par l'hygiène de leur future marchandise que par la leur. Ils demeuraient sales, hirsutes et vêtus de leurs habituelles guenilles.

Et puis un beau matin, la porte de l'enclos s'ouvrit, des gardes armés entrèrent et firent s'aligner les prisonniers. Izah jeta un regard interrogateur à Zulée, qui haussa les épaules. Des murmures angoissés montèrent lorsque plusieurs Acrathès agitèrent leurs armes d'un air menaçant.

— Silence, pouilleux ! gronda un des trafiquants.

Un homme apparut alors, bien différent des pillards. Zulée le regarda avec intérêt. Grand, le visage plein de morgue, il avait le teint clair, les cheveux courts, et il portait des vêtements bien coupés, d'aspect si insolite que la jeune fille se demanda dans quelle matière on avait bien pu les tailler ! Le chef des Acrathès l'accompagnait et lui parlait avec obséquiosité, multipliant courbettes et sourires.

L'homme s'arrêta à dix pas des prisonniers et leur jeta un regard inquisiteur. Garçons et filles retenaient leur souffle.

— Comme vous pouvez le constater, seigneur, dit le chef des trafiquants, c'est un lot remarquable. Mes hommes et moi avons battu des centaines de lieues pour vous ramener ces esclaves. Les garçons sont robustes, les filles très belles...

— Un ramassis de barbares dégénérés ! l'interrompit le Kerhouze — car il ne faisait pas de doute que c'en était un. C'est pour ça que tu m'as fait me déranger ?

— Seigneur, protesta l'Acrathès, regardez-les mieux ! Vous verrez que je ne mens pas ! Ces barbares sont jeunes, sains, bien nourris ! Je...

— Tais-toi !

Le Kerhouze s'avança de deux pas, la mine maussade.

— C'est bon, soupira-t-il. Parce que nous avons fait certaines affaires ensemble, je veux bien examiner ces misérables...

Suivi par l'Acrathès, le seigneur entreprit de passer en revue les prisonniers silencieux. Il secouait la tête et sa bouche s'était plissée de mépris, mais Zulée devina que c'était de la comédie. En réalité, ce seigneur bien habillé était fort intéressé par la marchandise humaine qu'on lui présentait.

Le Kerhouze tendit un doigt vers une des filles.

— Celle-là, dit-il.

Deux Acrathès empoignèrent la fille, qui se mit à hurler. L'un d'eux, lui retournant un bras dans le dos, la força à s'agenouiller. L'autre lui ouvrit la bouche de force. Le chef des trafiquants faisait l'article :

— Des dents saines, magnifiques ! Et voyez sa stature ! Cette fille est bâtie pour le travail...

Le Kerhouze se pencha. Il palpa le dos, les épaules, les bras de la fille, puis ses seins. Sur un signe de l'Acrathès, les deux gardes poussèrent la prisonnière le visage contre le sol. Le Kerhouze lui écarta les cuisses, promena un doigt impérieux le long de sa chair. La fille poussa un cri aigu lorsqu'il la pénétra.

— Elle n'est plus vierge ! grogna le Kerhouze en se redressant.

— Mais elle est bien bâtie ! Elle ne pourra que satisfaire son maître, où que celui-ci désire l'employer !

— Mmmm...

Le Kerhouze faisait la moue.

— C'est bon, dit-il, comme s'il faisait un grand sacrifice. Je la prends !

Les deux gardes firent se relever la jeune fille, la poussèrent brutalement vers leurs compagnons, qui la saisirent et lui passèrent des fers au cou et aux chevilles.

Le Kerhouze continua son inspection. Il désigna un garçon et deux filles, qui furent pareillement examinés et enchaînés...

Il arriva devant Zulée. Ses yeux effleurèrent le visage de la jeune Azongah...

Le Kerhouze s'immobilisa, sourcils froncés. Le chef des Acrathès, qui continuait de vanter sa marchandise, interrompit son babil. Zulée semblait absente. Mais lorsque le Kerhouze croisa son regard, ce fut lui qui battit des paupières.

— Qui est celle-là ? interrogea le seigneur.

— Nous l'avons capturée près du grand désert de l'ouest. Elle ne ressemble pas aux autres filles de là-bas. Mais ce qui est le plus étonnant, c'est qu'elle parle notre langue !

— Vraiment ?

Le Kerhouze fit un signe et les trafiquants se saisirent de Zulée. La jeune fille ne chercha pas à résister et s'agenouilla. Mais, au contraire des autres prisonniers, elle continua de fixer le seigneur.

— C'est vrai que tu parles notre langue ?

— C'est vrai, répondit sobrement Zulée.

— Qui es-tu ?

— Je me nomme Kaelah-O-Kankah et j'appartiens au clan des Azongahs, qui vit dans les hautes plaines, au-delà du Grand Fleuve.

— Comment connais-tu notre langue ?

— La Déesse m'a fait don du pouvoir de comprendre les humains.

Cette fois, le Kerhouze ouvrit des yeux éberlués.

— La Déesse... s'écria-t-il. Qu'est-ce que c'est que cette sottise ?

Zulée ne répondit pas. Le seigneur se recomposa une mimique sévère, hautaine.

— Ouvre la bouche ! ordonna-t-il.

Zulée obéit. Le Kerhouze jeta un rapide coup d'œil à sa denture. Le chef acrathès renchérit :

— Cette fille est très belle ! Si tous les spécimens de sa race lui ressemblent, nous envisagerons de pousser plus loin nos explorations. Mais en attendant constatez, seigneur : son corps est parfait... et pour tout vous dire... nous avons pu constater qu'elle est très ardente !

Il eut un rire canaille. Le Kerhouze ne semblait pas avoir entendu, mais son regard s'était allumé. Il avança la main et, sous prétexte d'examen, caressa longuement les seins fermes de la jeune fille. Zulée supporta l'attouchement avec le même stoïcisme qu'elle avait subi les viols des Acrathès.

— Elle fera une parfaite fille de bordel ! continuait le chef acrathès.

— Va pour celle-là ! dit le Kerhouze. On verra ce qu'on peut en faire...

Zulée fut remise sur ses pieds. Le collier de fer cliqueta autour de son cou en se refermant.

— Celle-ci ! dit l'Acrathès en montrant Izah. Et celle-là... Et celui-ci... Et...

Zulée n'écoutait pas. Traînant les pieds, elle rejoignit

le groupe de ceux qui, comme elle, allaient devenir des esclaves. Elle avait l'habitude, mais doutait que ce servage-ci soit aussi bienveillant que celui qu'elle avait connu chez les Azongahs...

CHAPITRE XII

Dame Gizella, Grande Maîtresse des Plaisirs de la cité d'Amaardar — en fait une vulgaire mère-maquerelle — pénétra dans le salon où attendaient les filles. Son regard impérieux se posa sur chacune des prostituées qui attendaient, silencieuses.

— Toi ! dit-elle, pointant son doigt sur Zulée.

La jeune fille s'y était attendue. Elle se leva, et les voiles dont elle était vêtue froufroutèrent autour d'elle. Elle s'approcha de sa maîtresse. Dame Gizella la toisa, critique, comme elle faisait chaque fois qu'une de ses pensionnaires devait rencontrer un client. Dame Gizella avait une réputation à soutenir. Son établissement était le plus coté de la capitale du pays kerhouze, ses filles les plus habiles à satisfaire un homme... et les prix qu'elle réclamait, les plus élevés.

Cela faisait une année maintenant que Zulée avait été vendue à Dame Gizella. Une année qu'elle avait été amenée en Armaadar, après un interminable voyage depuis le pays des Acrathès, à bord de camions surchauffés. Une année qu'elle était entrée dans cette maison de prostitution. Une année d'avilissement, de débauche forcée, d'esclavage sexuel... Mais aussi et surtout une année d'observation des Kerhouzes, une année où elle avait appris à connaître ce peuple avide, brutal, cupide. Une année où elle avait bardé son âme en prévision des combats qu'elle aurait un jour à mener contre ces hommes qui l'allongeaient sur leur couche pour jouir d'elle.

Une année où elle avait su dissimuler sa haine et sa nature secrète, parvenant à endormir la méfiance de chacun, et devenant le principal attrait de la luxueuse maison de Dame Gizella !

La maquerelle tendit une main caressante et effleura la joue de Zulée. Lorsqu'elle parla, sa voix ne fut que miel :

— Petite, dit-elle, le seigneur Allman réclame après toi. Tu dois aller le voir. Il te gardera sans doute pour la nuit !

Une année à faire la putain avait endurci Zulée. Malgré cela, la jeune fille eut un tressaillement.

— Maîtresse, protesta-t-elle faiblement, je n'aime pas le seigneur Allman. La dernière fois, il m'a tellement battue que j'ai eu mal pendant plusieurs jours !

Le sourire de Dame Gizella s'effaça pour faire place à une expression de dureté impitoyable.

— La dernière fois, dit la maquerelle, le seigneur Allman a payé une très grosse somme, et aujourd'hui il a donné encore plus d'or ! Cela vaut bien d'endurer quelques gifles ! Tu vas y aller tout de suite ! Et gare à toi si tu ne le satisfais pas ! Ce qu'il t'a fait subir ne sera rien à côté de la punition que je t'infligerai !

Zulée ne répliqua pas. A ses débuts dans la maison de plaisir, elle s'était révoltée, ne parvenant pas à supporter la honte de son nouvel état. Le châtiment que lui avait fait endurer Dame Gizella, à la limite de la torture, l'avait brisée. Elle avait dû faire preuve d'héroïsme pour ne pas user de ses pouvoirs afin de se défendre. A présent, elle filait doux... tout en attendant impatiemment le moment où la Déesse lui ferait comprendre qu'il était temps d'entamer le combat...

Dame Gizella eut un sourire de satisfaction devant la

soumission de sa pensionnaire. Elle fit signe à un grand gaillard qui attendait, dans un angle du salon.

— Goral va t'escorter jusque chez le seigneur Allman... Il ne faudrait pas qu'il t'arrive quelque chose en route...

« ... Ou que je m'échappe... », conclut mentalement Zulée.

— Ne fais pas cette tête, ricana la maquerelle. Si le seigneur Allman se montre un peu trop empressé, je te dispenserai de travail demain !

Escortée par un Goral vigilant, Zulée quitta la maison de passe. Le seigneur Allman habitait un autre quartier de la ville et, tout au long des rues, la jeune fille dut subir les quolibets des passants, leurs réflexions salaces, leurs invites obscènes, voire leurs insultes. C'est que mis à part ses voiles, elle ne portait aucun vêtement, et qu'à chaque pas, sa nudité s'exhibait.

Armaadar n'était pas une belle ville — mais quelle ville aurait pu sembler belle aux yeux de Zulée, fille des plaines ? De nombreux quartiers portaient encore des marques de destruction, mais la plupart avaient été rebâtis, ou étaient en cours de reconstruction. Des armées d'esclaves œuvraient sous le fouet des contremaîtres, charriant moellons et mortier, tandis que d'autres assemblaient des charpentes, hissaient des tuiles en haut d'échafaudages, ou enduisaient les façades de couches blanches de chaux. Au début, Zulée avait été très étonnée par cette activité de ruche. A présent, elle s'était habituée. Les Kerhouzes étaient bruyants, agités, mais ils ignoraient la paresse... et forçaient leurs esclaves à l'ignorer également. Leur débordante vitalité éclatait à chaque instant de leur existence. Ils semblaient toujours à la poursuite de quelque chose, et ne se contentaient jamais de ce qu'ils possédaient. Zulée ne leur trouvait aucune qualité, mais ne pouvait s'empêcher de ressentir une certaine fascination à leur endroit. Et elle comprenait que la Déesse l'ait menée auprès d'eux. Il fallait qu'elle connaisse ce peuple si différent de ceux des plaines, qu'elle comprenne sa mentalité, afin de pouvoir le combattre plus tard. Sa seule magie ne suffirait jamais, pas plus que la volonté de liberté des clans. Il faudrait se forger d'autres armes et ne pas craindre de souffrir...

Goral leva son gourdin pour repousser une bande de jeunes gens qui s'étaient approchés en riant et prétendaient dépouiller Zulée de ses voiles. Goral était un esclave, mais sa carrure et son visage de brute faisaient reculer n'importe quel Kerhouze. Un temps, Zulée avait pensé s'en faire un allié. Mais Goral avait le cerveau d'un arriéré, et considérait Dame Gizella avec une adoration de chien fidèle. Zulée avait renoncé à ses projets. En fait, en Armaadar, elle n'avait qu'une amie : Izah, prostituée comme elle.

Goral et Zulée débouchèrent sur une place, au fond de laquelle s'élevait un haut mur, percé d'une porte de bois. Zulée avala sa salive. Le seigneur Allman était un pervers, un détraqué, mais il possédait l'une des plus belles demeures d'Armaadar. Au-delà de ce mur s'étendait un parc d'agrément rappelant la forêt vierge. Des pavillons y étaient bâtis, où le seigneur aimait se retirer avec ses compagnons de débauche pour y recevoir leurs proies. A chaque fois qu'elle avait dû s'y rendre, Zulée s'était sentie terrorisée. On racontait que, plus d'une fois, les prostituées entrées ici n'en étaient jamais ressorties... Des cadavres défigurés, mutilés, avaient été retrouvés à l'extérieur de la ville...

— Allez ! grogna Goral en la poussant dans le dos.

Retenant son souffle, Zulée franchit le seuil de la demeure, tandis que Goral s'accroupissait placidement devant la porte. Un esclave parut, qui lui fit un simple signe, impératif, pour lui indiquer un pavillon dont on apercevait le toit derrière un rideau d'arbustes. Zulée connaissait, pour son malheur, le chemin à suivre. Traînant des pieds, elle emprunta l'allée qui menait au bâtiment. Comme elle en approchait, la porte s'ouvrit. Elle entra.

Il régnait une pénombre ouatée à l'intérieur du pavillon. Des senteurs entêtantes flottaient dans l'air. Zulée s'avança.

— Tu m'as fait attendre, putain ! dit une voix sèche, dans son dos.

Zulée se retourna. Le seigneur Allman était encore jeune, le visage mou, avec une petite bedaine débordant du haut de ses chausses de soie. Ses cheveux d'un blond sale se raréfiaient, et ce qu'il en subsistait pendait en mèches grasses sur sa nuque de taureau.

Zulée joignit les mains.

— Seigneur, je suis venue dès que j'ai su...

— Silence, putain ! Tu seras punie !

Zulée n'osa répliquer. Qu'importaient, pour un Kerhouze, les protestations d'un esclave !

— Retire ton haillon ! reprit le seigneur.

Zulée se défit de ses voiles. Allman ne perdait aucun de ses mouvements. Ses petits yeux luisaient. Il tourna lentement autour d'elle. Zulée commençait à transpirer. Le seigneur ne pouvait manquer de se rendre compte de sa terreur. Avec un ricanement, il se détourna, alla saisir une badine sur un meuble bas.

— Suis-moi, ordonna-t-il.

Zulée savait où il voulait qu'elle aille. Elle lui emboîta le pas, résignée. Allman écarta une tenture, lui fit signe de passer devant lui. Elle obéit...

Elle se retrouva happée par de multiples mains. Des doigts pincèrent ses bras, ses seins, ses cuisses, ses fesses. Elle cria de douleur. La badine claqua sur sa croupe.

— Tu m'as fait attendre ! siffla Allman. Tu as osé me répondre ! Maintenant, tu vas payer !

Zulée haletait de peur. Une demi-douzaine d'hommes

l'entouraient, ricanant, leurs visages déformés par l'avidité. L'un d'eux agita ostensiblement un carré d'étoffe noire. Zulée reconnut une cagoule. Prise de panique, elle hurla, ce qui ne provoqua que des rires chez ses tourmenteurs.

— Crie tant que tu peux! gronda Allman. Ça m'excite!

Il fit un signe et son compère coiffa Zulée de la cagoule. Pour la jeune fille, ce fut l'obscurité totale, étouffante. On la poussa dans le dos. Elle trébucha, manquant de s'étaler. On la souleva, elle se sentit portée, déposée sur une surface dure et froide. On lui écarta les bras, les jambes, des anneaux se refermèrent sur ses poignets et ses chevilles. Elle s'amollit, écartelée, comprenant que rien ne pourrait la sauver des caprices de ses bourreaux. Elle était impuissante, offerte et s'ils désiraient la dépecer vive, qui s'en préoccuperait? Seuls ses pouvoirs pourraient la sauver, mais elle n'en userait qu'à l'ultime extrémité.

Le premier coup la surprit tellement qu'elle ne ressentit pas immédiatement de douleur. Elle crut seulement qu'on l'avait coupée en deux...

Et puis la souffrance déferla, si violente que ses cris débutèrent par un hoquet étranglé, un spasme qui la rendit muette. Enfin elle cria. Comme elle n'avait jamais crié de sa vie!

Une lame rouge irradiait de son ventre jusqu'à sa poitrine. Elle souhaita de toutes ses forces mourir, pour que cesse sa torture. A travers son délire, elle comprit qu'Allman s'était retenu, les autres fois, quand il la battait. Mais en ce jour il se laissait aller...

Un second coup atteignit Zulée, juste entre les cuisses, et la jeune fille hurla de plus belle, se tordant dans ses entraves comme une damnée. Ces salauds l'éventraient!

Le troisième coup claqua. Cette fois, on avait visé ses seins et son mamelon droit ne fut plus qu'une braise...

Durant ce qui lui sembla une éternité, les coups continuèrent de pleuvoir sur Zulée, assénés avec une adresse diabolique, atteignant les parties les plus sensibles de son corps. La jeune fille ne se débattait plus. Sans force, étouffée par ses propres larmes sous sa cagoule, elle avait à peine conscience de chaque nouvelle onde douloureuse qui la traversait. Mais le soulagement d'un bienheureux évanouissement lui était refusé. Ses tortionnaires connaissaient leur art. Ils frappaient assez fort pour qu'elle souffre mille morts mais demeure en deçà de la perte de connaissance.

Enfin, les coups cessèrent. Un pesant silence s'installa, uniquement troublé par les sanglots de Zulée. Pantelante, la jeune fille attendait. Avec horreur, elle se rendait compte qu'elle préférait encore les coups à cette insoutenable tension. Que lui réservaient ces fous? Le pire était qu'elle ne pouvait rien voir.

Une main la frôla et elle eut un sursaut si violent qu'elle s'en ouvrit le poignet droit à son anneau. Elle gémit, d'angoisse et de douleur.

Ses bourreaux s'amusèrent à l'effleurer, la caresser, la chatouiller, pendant de longs instants et, à chaque contact, Zulée réagissait violemment, redoutant que ces attouchements ne soient le prélude à de nouveaux coups. C'était un autre genre de torture, tout aussi cruel. Mais elle finit à nouveau par ne plus réagir. Que ces salauds lui fassent ce qu'ils voulaient... Elle n'en pouvait plus.

Ce fut alors qu'on lui arracha sa cagoule...

Elle cligna des paupières, éblouie, essaya de tourner la tête. On lui braquait une lumière aveuglante sur le visage. Elle se débattit. Une gifle lui cingla les lèvres. Elle distingua le visage d'Allman. La haine, en elle, fut plus forte que la prudence ou la résignation. De toute sa rage, elle cracha en direction de ces traits veules...

Elle réalisa ce qu'elle venait de faire en voyant le seigneur essuyer, du dos de sa main, le filet de salive sanglante qui maculait son menton. Son cœur lui manqua. Cette fois, tout était fini. Seule la Déesse pouvait la sauver. Elle se prépara à faire appel à sa magie...

— Eh bien, petite vipère, s'écria Allman avec bonne humeur, on dirait que tu es encore pleine de venin !

Zulée ne répondit pas, soutenant, rageuse, désespérée, le regard du Kerhouze.

— Pour une barbare, tu as du caractère, poursuivit le seigneur. J'aime ça... (Il se tourna vers ses compagnons de débauche.) Et vous aussi, vous aimez ça, pas vrai ?

Un concert d'approbations serviles monta. Zulée considéra les hommes qui l'entouraient, méprisante. Par la Déesse, elle aurait voulu pouvoir leur arracher le sexe !

Allman se pencha sur elle, lui saisit les pointes des seins et les tordit avec une cruauté raffinée.

— Crie ! haleta le seigneur. Je veux t'entendre crier !

Zulée secoua négativement la tête, bandant sa volonté pour ne pas céder. Allman avait les ongles longs. Du sang perla de ses tétins.

— Crie ! répéta Allman. Crie !

Elle ne criait pas. Il la lâcha, recula, se défit de ses chausses. Zulée vit qu'il était en érection. Ça l'excitait donc tellement, ce déchet, de la torturer ! Maintenant, il allait la prendre...

Mais Zulée se trompait. Allman ne la prit pas. Il la contemplait, flattant sa virilité d'un geste détaché.

— Vraiment, marmonna le seigneur, tu as du caractère... Eh bien je vais te récompenser pour ça...

Il recula de deux pas, leva une main, claqua des doigts. Ses courtisans s'écartèrent. Zulée battit des paupières.

Un homme venait d'apparaître de derrière la tenture. Grand, nu, athlétique. Sa peau était noire comme une pierre de jais...

Un long instant, Zulée et le nouvel arrivant se dévisagèrent. Les traits de l'homme se voulaient impassibles, mais son regard trahissait un trouble évident. Pour un temps, Zulée oublia ses souffrances, sa peur, son humiliation. Elle n'avait jamais vu d'homme noir, et se sentait désorientée par le nez large, les lèvres charnues, le torse massif, puissant, les hanches étroites de l'inconnu. Ses joues se colorèrent. La virilité de l'esclave s'érigeait majestueusement, infiniment plus impressionnante que celle du seigneur Allman.

— Je te présente Assem, dit Allman. Il est beau, n'est-ce pas? C'est mon meilleur étalon. J'ai décidé qu'il allait te couvrir!

Zulée ne comprenait plus. Ce n'était pas une punition, ça! Allman sourit cruellement.

— Ne te réjouis pas trop vite, putain! Assem va te baiser et te rebaiser, jusqu'à ce que tes entrailles de barbare portent un enfant... Cet enfant, tu le sentiras grandir en toi, prendre vie... Tu le mettras au monde... Et alors...

Allman éclata de rire.

— Alors je le prendrai et je le découperai en morceaux devant toi! Tu sauras ce que le seigneur Allman veut dire lorsqu'il parle de châtiment... Mais tu ne le sauras pas longtemps, parce qu'aussitôt après, je t'ouvrirai le ventre et déroulerai tes tripes!

Pétrifiée, Zulée regardait le Kerhouze. Ce dégénéré était complètement fou! Il se tordait de rire et sa cour l'imitait.

— Allez, chien d'esclave, ordonna le seigneur entre deux hoquets, montre-nous comment tu honores une fille barbare. Ensuite, c'est de toi que nous nous repaîtrons!

Indéchiffrable, mais vigoureux, le Noir s'approcha de Zulée. Un murmure fiévreux passa sur le groupe des voyeurs. Plusieurs se dépouillèrent de leurs vêtements.

Assem se pencha sur Zulée épouvantée, exhibant de fortes dents très blanches. Il approcha son visage du sien, comme pour l'embrasser, mais dévia au dernier moment, et Zulée sentit ses mâchoires qui se refermaient sur le lobe de son oreille. Prise de panique, elle se dit que ce monstre allait la mutiler. Mais, à sa grande stupeur, elle entendit un chuchotement, presque inaudible.

— Crie très fort, murmurait Assem. Fais semblant d'avoir mal !

Éberluée, Zulée ouvrit la bouche. Les dents serrèrent son oreille, de façon tout à fait supportable, mais elle se mit à hurler, encore plus fort que lorsque ses bourreaux la battaient. L'assistance poussa des cris de joie. Assem grognait, comme s'il savourait de la mordre réellement. Zulée modula un hululement déchirant. Assem l'empoigna aux hanches, son corps pesa sur le sien. Elle se détendit du plus qu'elle put, appréhendant la pénétration d'un tel volume dans son corps étroit et meurtri. Mais, à son grand étonnement, cela se fit sans mal. Assem n'était pas une brute. Elle continua néanmoins de crier et de se débattre, contrefaisant une souffrance... qu'elle était loin d'éprouver !

Assem soufflait à son oreille. Il donnait de violents coups de rein, qui l'ébranlaient tout entière. Elle se demanda fugitivement si ses cris étaient bien convaincants.

Un instant, elle croisa le regard d'Assem, y vit pétiller une lueur malicieuse. Elle dut se mordre les lèvres pour ne pas lui sourire. Il n'était évidemment pas dupe ! En elle, son sexe vibrait.

Dans les reins de Zulée monta une flamme intense. Assem la besogna encore plus rudement. La jeune femme eut une subite angoisse. Elle ne pourrait jamais dissimuler...

Assem gronda et elle le sentit qui se tendait, se contractait. Il se redressa sur ses bras puissants, ses mouvements se ralentirent et elle le sentit qui s'épanchait. Sa propre jouissance l'emporta, qu'elle s'efforça de changer en cris déchirants...

Un claquement retentit, et Assem eut un brusque sursaut. Il grimaça. Le second coup atteignit l'épaule de Zulée, qui cria de nouveau, mais pour de bon, cette fois.

— Maudits chiens ! hurla Allman. Vous avez essayé de me tromper ! Vous avez osé prendre du plaisir !

Les coups de fouet se mirent à pleuvoir, indifféremment sur Assem et sur Zulée. Le Noir s'efforçait de protéger de son vaste corps celui de la jeune femme. Son visage se contractait à chaque morsure du cuir mais il ne criait pas. Dans ses yeux brûla une flamme de haine insensée, mais contenue.

— Je vais vous tuer ! criait Allman. Pourriture d'esclaves !

Zulée regarda le seigneur et, dans son esprit, flamba la certitude que ce dément allait faire ce qu'il disait. Il allait les massacrer tous les deux, Assem et elle !

Alors, sans qu'elle la commande réellement, la force de sa magie vola vers l'esprit du Kerhouze et, en un instant, balaya ses pensées. Allman trébucha, le bras levé. Son regard se fit égaré. Sa main s'ouvrit. Le fouet chut sur le sol...

Les voyeurs, qui criaient d'excitation en admirant leur seigneur châtiant les deux jeunes gens, se turent, désorientés. Allman semblait pétrifié. Il recula, chancelant. Un filet de bave coula sur son menton. Son sexe, qui s'était redressé, mollit misérablement entre ses cuisses flasques.

— Mais... maugréa Assem.

— Chut ! lui imposa Zulée.

C'était la première fois depuis son départ de chez les Azongahs qu'elle faisait appel à ses pouvoirs. Elle crut un instant qu'elle ne parviendrait pas à ses fins. Cet effort mental l'épuisait. Mais enfin, au bout de longues secondes, Allman murmura :

— Li... bérez-les... Qu'ils s'en... aillent... Je ne veux... plus les voir...

Stupéfaits, les noceurs contemplaient leur maître. Allman était blême, tremblait de tous ses membres. Il répéta :

— Libérez-les !

Un des hommes s'avança et libéra Zulée de ses entraves. La jeune fille se redressa. Mais ses jambes ne la portaient plus. Elle chancela. Assem la saisit par la taille avant qu'elle ne s'effondre, la souleva dans ses bras. Il roulait des yeux aussi effarés que les courtisans d'Allman.

— Partons vite, lui souffla Zulée à l'oreille. Je n'en peux plus...

Assem ne se le fit pas dire deux fois. Emportant Zulée, il quitta le pavillon.

La fraîcheur de la nuit, dans le parc, redonna un peu de vigueur à Zulée. Accrochée au cou du Noir, la jeune fille s'écria :

— Il faut filer. Ce fumier va bientôt revenir à lui !

Assem grommela quelque chose qu'elle ne comprit pas. Il se mit à courir à travers les massifs et les bosquets. Zulée se serrait contre lui, ses bras passés autour de son cou. Elle pouvait sentir l'odeur âcre du sang de son compagnon.

Ils franchirent un mur, se retrouvèrent devant une longue et sombre bâtisse. Assem ouvrit une porte. Ils entrèrent.

— Où... sommes-nous ? demanda Zulée.

— Chez moi, répondit Assem, en la déposant sur une couche.

Il s'affaira à donner de la lumière. Zulée se laissa aller en arrière. Tout son corps lui faisait mal. Une flamme monta d'une lampe à huile. Elle put voir des murs nus, un intérieur dépouillé, mais propre, des meubles massifs de bois sombre et patiné.

— Allman va nous foutre la paix, au moins pour un temps, dit Assem en versant de l'eau d'une calebasse dans une cuvette. Il ne vient jamais par ici !

— Mais... Où est-ce, ici ?

— Le quartier des esclaves de Sa Seigneurie ! C'est qu'il en a, des esclaves ! S'il devait venir les visiter...

Maladroitement, il entreprit de laver ses multiples blessures. Zulée se redressa.

— Laisse-moi faire !

Elle se pencha sur le large dos sombre, tailladé, sur lequel le sang avait formé des croûtes. Alors, seulement, elle craqua.

— Assem, gémit-elle, éclatant en sanglots, comme il t'a battu !

Le Noir eut un rire étranglé.

— C'était pas la première fois ! J'ai le cuir dur... mais vas-y doucement quand même !

Au milieu de ses pleurs, Zulée entreprit de laver les plaies d'Assem. Puis le Noir lui rendit la pareille.

— Ils ne t'ont pas loupée toi non plus, soupira l'esclave. J'ai de la pommade, heureusement !

Lorsqu'ils se furent mutuellement soignés, ils s'installèrent l'un en face de l'autre, à chaque extrémité de la couche.

— Comment tu as fait ? demanda tout à coup Assem.

Zulée détourna le regard.

— Comment j'ai fait quoi ?

— Comment tu t'y es prise pour que l'autre dingue arrête de nous battre... J'ai bien vu que tu l'as regardé... Et il s'est arrêté tout d'un coup... C'est de la magie !

— Je... je ne souhaite pas en parler. Disons que... que j'ai certains pouvoirs... Dis-moi plutôt qui tu es ! Je n'avais jamais vu d'homme noir !

Assem roula ses larges épaules.

— C'est que je suis le seul en Armaadar ! Je viens de très loin et je vaux très cher. Ce fou d'Allman m'utilise comme étalon. Il a l'habitude de me faire baiser les filles qu'il torture. Ça le fait bander, ma peau noire sur leur corps blanc. J'essaie autant que possible de ne pas leur faire mal...

Zulée eut un petit rire.

— Je t'assure que tu ne m'as pas du tout fait mal !

Assem eut un large sourire.

— J'en suis heureux. Comment tu t'appelles ?

— Zulée, mais mon nom azongah est Kaelah-O-Kankah.

Assem eut une mimique d'ignorance.

— Excuse-moi, mais je ne sais pas ce qu'est un nom azongah.

— C'est le nom que m'a donné mon clan. J'appartiens à un peuple des plaines, à l'ouest. J'ai été capturée il y a un an et vendue comme esclave. Je fais la putain pour Dame Gizella.

— Une belle ordure aussi ! Ça ne m'étonne pas qu'Allman soit en cheville avec elle !

Il s'interrompit un instant.

— Tu as faim ?

— Oui ! Je meurs de faim ! Et de soif !

Assem lui offrit une bouillie épaisse et très épicée, sur laquelle elle se jeta. Il versa de l'eau dans un gobelet et la regarda manger, une douce lueur dans ses yeux sombres.

— Tu sais, petite Zulée, dit-il brusquement, j'ai eu vraiment du plaisir à te faire l'amour !

Zulée lui rendit son regard, par-dessus le rebord de son écuelle.

— Moi aussi, répondit-elle, la bouche pleine. J'ai joui tellement fort que je ne savais plus où j'étais ! Et pourtant, depuis un an, j'en ai passé, des hommes !

Elle reposa son écuelle et, machinalement, son regard se porta sur le bas-ventre d'Assem. Le sexe noir se redressait, prenait du volume.

— Tu... tu as encore envie ? s'exclama Zulée. Après ce qu'Allman t'a fait ?

Assem cligna de l'œil.

— Pour te dire la vérité, Zulée, j'ai *toujours* envie ! Et puis c'est le dos, que j'ai de blessé. Pas le reste !

Zulée était troublée et ne parvenait pas à détacher son regard de la colonne en érection. Elle disait vrai. Elle en avait passé, des hommes, depuis qu'elle était devenue putain... Mais avec Assem, c'était tout différent.

Assem se rapprocha d'elle, posa ses immenses mains sur ses seins. Elles étaient si grandes qu'elles les coiffaient entièrement.

— Toutes les femmes de ton peuple sont aussi belles que toi ? murmura le Noir.

— Non, répondit Zulée en souriant. Je suis une incarnation de la Déesse !

— Ça, je veux bien le croire !

Les mains d'Assem descendirent le long de ses flancs, jusqu'à ses hanches.

— Tu me plais, Zulée... Tu me plais plus qu'aucune fille que j'aie rencontrée !

— Tu... tu me plais aussi ! Tu es beau !

Assem éclata de rire.

— Ça non ! Je suis tout ce que tu veux : fort, viril, drôle... Mais beau, non !

— Si ! Tu es beau ! J'aime ta peau noire !

— C'est vrai ?

— Oui...

Les mains d'Assem se refermèrent délicatement sur les fesses de Zulée, l'attirèrent contre son torse massif. Alors, la jeune fille fit quelque chose qu'elle n'avait jamais fait à personne. Elle posa sa bouche sur celle du Noir et l'embrassa.

Assem répondit à son baiser. Il souleva Zulée et l'amena sur son ventre.

Refermant ses bras autour de la nuque d'Assem, elle se laissa emporter.

CHAPITRE XIII

Lorsque Zulée regagna la maison de Dame Gizella, elle se montra si éprouvée que la maquerelle lui accorda non pas un jour de repos, mais trois. Zulée les passa dans la minuscule chambre où elle vivait, au sous-sol du bordel, lorsqu'elle n'était pas au travail. Elle s'y reposa, mais surtout elle repensa à tout ce qui lui était arrivé ces dernières années. Son départ de chez les Ahl-Hâkans, sa vie chez les Azongahs, et puis sa quête, qui l'avait menée dans cette maison de prostitution. Elle, une putain ! Aurait-elle cru à une pareille chose, lorsqu'elle vivait, Iwin, dans son village ? Elle savait bien qu'elle accomplissait la volonté de la Déesse, il n'en restait pas moins qu'elle se sentait irrémédiablement flétrie d'une honte qui ne la quitterait plus jamais. Pourrait-elle regarder en face Ilma, lorsqu'elle la reverrait ?

Elle songea aussi à Assem, et sentit son cœur s'accélérer. Elle n'avait jamais ressenti, avec aucun homme, ce qu'elle avait éprouvé entre les bras du Noir. Malgré son physique de géant, Assem était infiniment doux et tendre. Lorsqu'ils avaient parlé, entre deux étreintes, il avait su la faire rire, s'intéressant à elle, l'écoutant. Zulée avait envie de le revoir. Son corps s'émouvait rien qu'à l'idée qu'ils pourraient refaire l'amour...

Elle pensa aussi au seigneur Allman. Pour la première fois, elle avait dû faire appel à ses pouvoirs magiques.

Allman s'était-il rendu compte qu'elle l'avait envoûté ? Si ce dégénéré comprenait qu'elle était capable de magie, il pourrait la dénoncer aux prêtres, ce qui lui vaudrait des ennuis à n'en plus finir. Ces gens-là ne plaisantaient pas. A plusieurs reprises, Zulée avait vu des bûchers érigés sur les places de la ville, et de prétendus hérétiques y périr brûlés vifs...

Avec angoisse, Zulée envisagea la fuite. Elle connaissait à présent bien les Kerhouzes, et saurait les combattre. Pourquoi s'attarder chez eux ? Grâce à sa magie, il lui serait sans doute possible de regagner son pays. Le voyage serait long et risqué, mais elle se sentait capable de l'accomplir. Pourtant plusieurs facteurs la retenaient. Avait-elle appris ce qu'il y avait à apprendre sur ses ennemis ? La Déesse ne lui avait plus parlé depuis longtemps. Elle n'avait eu aucune vision lui indiquant qu'il était temps de regagner les plaines. Et puis, si elle partait, elle ne reverrait plus Izah, dont l'amitié lui était précieuse, ni Assem...

Elle résolut d'attendre encore un peu.

Deux semaines s'écoulèrent. Zulée reprit son travail avec un dégoût grandissant. Entre les bras de ses clients, elle avait l'impression de se flétrir, de n'exister qu'en se changeant en boue. Elle pensait à Assem. Le même acte pouvait-il donc être à la fois merveilleux et sordide, épanouissement et déchéance ? Son écœurement, son manque de zèle étaient si évident que Dame Gizella la tança durement, la menaçant de l'envoyer dans une maison de l'extérieur de la ville, où elle satisferait aux besoins des Kerhouzes de basse classe, voire de leurs esclaves, à raison de cinquante passes par jour. Zulée en trembla d'épouvante, et feignit de se reprendre. Mais, à nouveau, l'envie de fuir la tenailla, devenant une obsession. Pourquoi n'avait-elle plus de vision ? La Déesse ne lui parlait plus. Est-ce qu'elle allait devoir faire la putain jusqu'à la fin de ses jours, dans cette ville qu'elle détestait, au milieu de ces kerhouzes brutaux, pour satisfaire les caprices d'une divinité muette ?

Un mois après la séance au pavillon du seigneur Allman, Zulée se retrouva désignée pour y retourner, en compagnie d'Izah, cette fois. Une onde de terreur liquéfia les entrailles de la jeune femme, quoiqu'en elle flambât l'espoir de retrouver Assem, qu'elle n'avait pas osé aller voir en cachette, et qui ne lui avait donné aucun signe de vie. Toujours escortées par Goral, les deux amies rejoignirent la demeure seigneuriale, le pas lent et la mine défaite.

Fatalistes, elles gagnèrent le pavillon au fond du parc. Izah n'y était jamais venue, mais Zulée lui avait raconté ce qu'Allman l'y avait fait subir, et la jeune Atagi était encore plus épouvantée qu'elle. Elle lui saisit la main et s'y cramponna, alors qu'elles pénétraient dans le pavillon, humant les habituelles senteurs musquées qui y flottaient.

— J'ai peur... gémit Izah.

Zulée n'en menait elle-même pas large. Que leur réservait ce pervers d'Allman ? Serait-elle à nouveau obligée de faire appel à ses pouvoirs pour éviter la torture ?

— Avancez, esclaves ! ordonna brutalement la voix du seigneur, montant de derrière la tenture, au fond de la pièce.

Résignées, Zulée et Izah obéirent. La tenture s'écarta. Zulée fronça les sourcils, étonnée. Elle pouvait voir les mêmes courtisans que la dernière fois, occupés à faire bombance, et le maître des lieux, devant la table où elle avait été liée. Mais cette table était déjà prise ! Une femme y était liée, exposée nue comme elle l'avait été et, comme elle, encagoulée. Elle gisait, immobile, et n'eussent été ses seins qui se soulevaient sur un rythme désordonné, on aurait pu la croire morte.

Quelque chose, dans l'exposition de cette malheureuse, troubla Zulée. La gorge nouée, la jeune femme fixa ce corps dénudé, cherchant à deviner... Oui... Cette fille avait le même teint de peau cuivré qu'elle, la même matitude.

— Approchez, putains, approchez... murmura Allman d'une voix doucereuse. Approchez et regardez bien...

Zulée et Izah marchèrent jusqu'à la table de torture, sans quitter du regard le corps gracile de la jeune fille. Il ne semblait pas qu'elle eût été fouettée, mais violée, certainement oui ! Des traînées de sperme maculaient l'intérieur de ses cuisses écartelées, son ventre et jusqu'à sa poitrine. Zulée battit des paupières. Inexplicablement, il lui semblait qu'elle connaissait ce corps. Elle conserva son visage baissé, de peur qu'Allman ne lise dans son regard la haine insensée qu'elle ressentait en cet instant pour lui, pour ses compagnons de débauche et pour tous les Kerhouzes.

— Jolie personne, n'est-ce pas ? persifla le seigneur. Elle nous a donné à tous une grande jouissance. Elle a beaucoup souffert lorsque nous l'avons prise...

Zulée serra les poings. La fille, sur la table, remuait la tête sous sa cagoule, espérant peut-être se libérer. A moins, tout simplement, qu'elle n'étouffât !

— A présent, reprit Allman, je désire varier mes plaisirs, offrir à mes amis un spectacle rare... Voyez-vous, catins, j'ai souvent remarqué que vous autres, esclaves dégénérés, êtes encore plus durs pour vos semblables que nous autres, nobles seigneurs, le serons jamais... C'est pourquoi j'ai décidé que ce serait vous qui flagellerez cette misérable, jusqu'à ce qu'elle en meure !

Zulée ouvrit une bouche stupéfaite et ne put s'empêcher de dévisager Allman, tandis qu'Izah reculait en gémissant. Le seigneur souriait, d'un sourire qui n'était que l'image de sa cruauté et de sa folie. Il jouait négligemment avec deux fouets, s'en caressant le sexe.

— Des barbares comme vous, ont l'habitude de la mort. Il ne vous sera pas difficile de satisfaire mon désir... Mais pas trop vite ! Je veux que l'agonie de cette esclave dure assez longtemps pour que nous en jouissions tous... Si l'une de vous deux se montre maladroite... alors elle prendra place sur cette table, et c'est moi qui m'occuperai d'elle... quel beau jeu, non ?

D'un geste brusque, il tendit les deux fouets. Izah secoua la tête.

— Pitié... non ! gémit-elle.

Le fouet siffla et une balafre rouge s'étala sur sa poitrine, déchirant son voile.

— Prends ce fouet, chienne ! hurla Allman. Et frappe comme je te l'ordonne !

Izah saisit l'arme. Zulée en fit autant. Elle fut surprise par le poids de l'instrument. La fille encagoulée poussait des cris plaintifs. La foule des voyeurs se rapprocha.

— Allez ! cria Allman. Passez votre rage sur cette créature !

Zulée eut un sanglot. Elle leva le fouet et en assena un coup sur les cuisses ouvertes de la fille. Un coup peu appuyé, mais qui suffit à ce que l'esclave se cambre et crie de douleur.

— Ne la caresse pas, maudite ! hurla Allman. Fouette-la !

Zulée serra les dents, son cœur se changeant en un bloc de glace. Elle frappa, de toutes ses forces cette fois, et la lanière de cuir laissa une marque pourpre sur les seins de la fille, qui hurla comme une damnée.

— Encore ! cria Allman, empoignant son sexe dans sa main. Écorchez-la vive !

Les yeux brouillés de larmes, Zulée frappa une troisième fois. Izah l'imita. Les cris de la fille torturée atteignirent à un paroxysme. A la plus grande joie des noceurs.

Allman se précipita contre la table, bousculant Zulée. D'un élan, il pénétra l'esclave.

— Je veux jouir en elle... quand elle rendra son âme aux démons...

Son visage était convulsé, ses yeux hagards, un filet de salive coulait sur son menton.

Horrifiées, Zulée et Izah ne pouvaient plus faire un geste. Soudain, la fille tira sur ses liens et, de sous sa cagoule, sa voix étouffée retentit, proférant une malédiction :

— Que la Déesse vous foudroie tous, maudits chiens !

Zulée hoqueta de stupéfaction. La fille ne s'était pas exprimée en langage kerhouze.

Elle avait parlé dans la langue des Ahl-Hâkans !

Pendant une seconde, Zulée se sentit paralysée. Elle fixait le corps qui se tordait sous les assauts immondes du seigneur, écoutait la voix qui continuait d'injurier les bourreaux. Cette voix... Ce corps... Cette impression.

— Non... murmura Zulée. Non... Ce n'est pas possible !

Elle se précipita en avant, se pencha sur la femme, saisit le tissu noir de la cagoule, tira férocement dessus, le déchirant presque. Les traits décomposés de la fille torturée apparurent.

Zulée poussa un hurlement.

Cette fille, c'était Ilma. C'était sa sœur...

Zulée crut qu'elle était devenue folle, que ses sens l'abusaient, que la Déesse lui jouait un tour. Mais non... Elle ne se trompait pas. C'était bien Ilma qui se trouvait là, liée devant elle, et qu'Allman besognait à grands coups de reins brutaux. Ilma l'avait également reconnue, et la dévisageait, son fin visage ravagé de souffrance, sa bouche modulant silencieusement son nom. Ilma... Ici ! En Armaadar !

Allman dut se rendre compte que quelque chose n'allait pas, car il interrompit ses mouvements bestiaux et apostropha Zulée :

— Alors ! haleta-t-il. Tu continues à la fouetter, cette charogne ?

Zulée tressaillit. Elle eut l'impression que son cerveau se rompait, explosait dans une vague irrépressible. Elle leva son fouet, tourna lentement la tête vers le seigneur...

Allman vit son regard et devint blême. Il se figea, engagé dans le corps d'Ilma. Il leva une main, comme pour se protéger... De toute sa haine, Zulée abattit le fouet en travers de son visage.

Le hurlement du Kerhouze fut pour Zulée la plus enivrante des musiques. Alors qu'Izah faisait un saut en arrière et que les courtisans s'égaillaient, la jeune fille vit Allman s'arracher du corps d'Ilma et reculer en chancelant, son visage balafré de sang. Elle leva à nouveau son fouet et frappa, visant le sexe dressé. La lanière trancha l'extrémité turgescente du membre et Allman couina comme un goret sous le couteau.

— Tu vas crever, salaud ! hurla Zulée.

Elle ne réfléchissait plus. Qu'elle périsse, que les Kerhouzes la coupent en tranches, mais qu'elle assouvisse le flot de haine qui s'était accumulé en elle tout au long de cette année ! Allman allait payer. Pour le mal qu'il avait fait ! Pour le mal que tous ses semblables avaient fait aux autres peuples !

Elle se rua sur le seigneur, faisant claquer son fouet. Elle frappait, frappait encore. Allman titubait, ses mains plaquées sur son visage, tandis que la lanière lui déchirait les épaules, la poitrine, le ventre. De son sexe mutilé coulait un flot de sang. Il tomba à genoux.

— Attention ! cria Izah.

Zulée tourna la tête. Elle vit un des courtisans d'Allman qui courait vers elle, une épée levée.

Son regard flamboya. Elle ne songea pas à ce qu'elle faisait, agissant par pur réflexe de protection. Elle tendit sa main libre. Comme autrefois, chez les Azongahs, un rai de lumière en jaillit, et frappa l'homme à la poitrine. Mais, cette fois, c'était la mort que Zulée avait projetée.

Le Kerhouze tituba, tandis qu'un grésillement s'élevait au niveau de son cœur. Il s'abattit, demeura immobile.

Zulée tourna son regard vers les autres noceurs, qui se tenaient serrés les uns contre les autres et la regardaient avec épouvante. La Déesse criait en elle, lui faisait don de toute sa puissance, lui rendait au centuple ce qu'elle lui avait offert à travers ses souffrances. Elle se sentit portée par Sa Volonté, aussi froide que la glace, aussi dure qu'une pointe de diamant.

—. Mourez ! hurla-t-elle.

La lueur nimba les Kerhouzes qui tentaient de fuir. Ils s'écroulèrent en masse, sans un cri.

Son délire vengeur quitta Zulée comme il l'avait saisie. Le regard de la jeune femme se brouilla un instant. Elle chancela, en proie à cet épuisement physique et mental qu'elle éprouvait lorsqu'elle faisait appel à sa magie. Au prix d'un violent effort de volonté, elle le domina, se tourna vers Izah. La jeune Atagi la regardait, bouche bée, et dans ses yeux se lisait la même terreur que dans ceux des Kerhouzes, juste avant qu'elle ne les tue. Elle esquissa un geste. Izah recula en gémissant.

— N'aie... n'aie pas peur... souffla Zulée. Tu es... mon amie... Je ne te ferai pas de mal !

Elle inspira profondément, se rapprocha de la table. Ilma pleurait, secouant la tête avec incrédulité.

— Ma... ma petite sœur ! gémit Zulée.

Un grand silence régnait dans le pavillon, à peine troublé par les gémissements d'Allman. Le seigneur gisait sur le sol, ses mains rouges de sang crispées sur son bas-ventre. Il suivait chacun des gestes de Zulée avec des yeux hagards. La jeune femme dompta une envie de lui cracher dessus. Elle se pencha, libéra les poignets et les chevilles d'Ilma, aida sa cadette à se redresser, la serra contre sa poitrine.

— Ma chérie... murmura-t-elle, éclatant elle-même en sanglots.

Elles s'étreignirent, s'embrassèrent. Izah les regardait avec incompréhension.

— C'est ma sœur, expliqua Zulée, entre deux baisers sur les joues baignées de larmes de sa cadette. Elle est de mon peuple. Je croyais ne plus jamais la revoir...

Elle interrompit ses effusions, demanda à Ilma :

— Mais qu'est-ce que tu fais là ?

Ilma pleurait trop pour pouvoir articuler un mot. Elle ne put que hausser les épaules. Izah intervint :

— Zulée, cria-t-elle, je ne sais pas comment tu as fait, mais tu as tué tous ces gens ! On va nous écorcher vives pour ça !

La panique, dans la voix de son amie, rendit son sang-froid à Zulée. La jeune femme se dégagea de l'étreinte de sa sœur, jeta un bref regard sur les corps immobiles.

— On ne nous écorchera pas, dit-elle. Nous allons fuir.

— Fuir ! brama Izah. Mais comment faire ? Et pour aller où ?

Zulée aida sa sœur à se remettre debout. Elle la soutint à la taille.

— Ça va ? interrogea-t-elle.

— Ça... oui... Ça va ! souffla Ilma.

Izah se tordait les mains de désespoir.

— Zulée... On est fichues ! On ne peut pas fuir...

Soutenant toujours Ilma, Zulée s'approcha d'elle, lui saisit les mains.

— On le peut, dit-elle. Tu as vu... Je suis une magicienne. Personne ne peut rien contre moi !

— Mais, mais...

— Calme-toi. De toute manière, nous ne pouvons rien faire d'autre que fuir...

— On... on vous rattrapera... grinça à cet instant Allman d'une voix haineuse. On vous ramènera ici et... et on vous mettra à mort dans les pires... tortures... Sales putains !

Zulée fixa le maître abattu. Le visage d'Allman se décomposa.

— Non... non... gémit le Kerhouze. Par pitié...

— On ne nous rattrapera pas, dit froidement Zulée. On ne nous ramènera pas et on ne nous mettra pas à mort... C'est toi, chien puant, qui vas mourir... Et de bien vilaine façon...

Elle tendit le bras. Allman se tordit sur lui-même. Des cris s'échappèrent de sa gorge, à tel point aigus, stridents, qu'Izah se boucha les oreilles. Une sorte de gangue noirâtre naquit au niveau des pieds du seigneur, gagna lentement ses chevilles. Les chairs éclatèrent, se déchirèrent, un jus immonde se mit à couler. Une puanteur fétide couvrit le parfum des cassolettes odoriférantes.

— Par la... Déesse... murmura Ilma. Qu'est-ce que c'est que ça ?

— La noirceur de son âme, répondit Zulée. Je l'ai fait se matérialiser en un mal qui va le ronger tout entier... Il aura le temps d'expier chacun de ses péchés, d'implorer le pardon de chacune de ses victimes...

Ses jambes se dérobèrent soudain, et ce furent Izah et Ilma qui durent la soutenir.

— Zulée, cria Ilma, qu'est-ce que tu as ?

— C'est... c'est comme ça... chaque fois, répondit faiblement Zulée. Ce... ce n'est rien... Partons, maintenant.

Elles franchirent la porte du pavillon, poursuivies par les hurlements du seigneur Allman.

L'air frais de la nuit leur fouetta le visage. Tout semblait calme, dans le parc, mais Zulée craignit que les cris d'Allman finissent par attirer quelque garde ou serviteur. Peut-être aurait-elle dû tuer ce chien rapidement.

— On va chez Assem, souffla-t-elle pour Izah.

— Chez qui ? demanda Ilma.

— Un ami. Il nous aidera.

— Qu'est-ce que tu en sais ? riposta Izah. Ce n'est pas parce qu'il t'a baisée qu'il va risquer sa vie pour toi !

— Tu as mieux à me proposer?

Izah garda le silence. Serrées l'une contre l'autre, les trois femmes traversèrent le parc, arrivèrent devant la bâtisse qui abritait les esclaves. Izah avait raison. Rien ne prouvait qu'Assem les aiderait. Elles étaient trois criminelles coupables du forfait le plus impardonnable : le meurtre d'un seigneur Kerhouze. Nul ne se ferait leur complice! Mais elle devait prendre le risque.

Elle gratta à la porte du réduit de son ami. Il n'y eut pas de réponse. Elle hésita, poussa le battant.

Il y eut un grognement étonné, et un filet de lumière monta. Zulée vit Assem qui se redressait péniblement sur sa couche. Elle écarquilla les yeux. Le grand Noir avait un bras immobilisé par une gangue de terre séchée, des pansements enserraient son torse et son visage portait encore des marques de tuméfaction. Oublieuse de sa sœur et d'Izah, elle se précipita vers l'immense et sombre silhouette.

— Assem, s'écria-t-elle, qu'est-ce qui t'est arrivé?

Elle tendit la main vers une meurtrissure, sur la joue du Noir. Assem clignait des yeux, mal réveillé. Mais le contact des doigts de la jeune femme sembla lui rendre sa lucidité. Il eut un rire rauque.

— C'est le petit cadeau d'Allman... pour ne pas m'être montré assez méchant... l'autre fois, avec toi!

Zulée grinça des dents de haine rétrospective. Non, elle ne regrettait pas de lui avoir infligé une mort lente, à ce déchet humain!

— Tu entends ces cris? demanda-t-elle.

Assem prêta l'oreille. Malgré la distance, il perçut un hululement de souffrance.

— Il torture encore quelqu'un...

— Non... C'est lui qui crie! Il est en train de crever!

Assem ouvrit de grands yeux.

— En train de crever?

— Et c'est moi qui le tue... Comme j'ai tué ses complices!

Assem demeura bouche bée. Zulée lui saisit la main.

— Je te soignerai, reprit-elle. Dans ma tribu, j'ai été formée à l'art des guérisseurs... Mais en attendant, il faut fuir. Si on nous prend ici, nous serons exécutées. Est-ce que tu peux nous aider ?

Assem ne garda le silence qu'un très court instant. Il se redressa, étouffant un grognement de douleur.

— Et comment ! s'écria-t-il. Même si je n'avais plus de jambes, je ficherais le camp... D'ailleurs c'est ce que je voulais te proposer. J'attendais seulement d'être rétabli !

Zulée sentit un chaud sentiment couler en elle. Elle posa brièvement sa tête sur la vaste poitrine du Noir.

— Plus tard, les effusions, petite, soupira Assem.

Il se leva, saisit un pagne, essaya maladroitement de le nouer autour de ses reins.

— Ce cochon m'a cassé le bras ! s'excusa-t-il.

Zulée lui prit l'étoffe des mains et la lui attacha.

Assem saisit un sac sur le sol.

— J'avais déjà tout préparé, expliqua-t-il. Comme ça, on ne perdra pas de temps.

Il parut seulement remarquer les deux jeunes femmes qui avaient assisté, silencieuses, à la scène.

— Si tu faisais les présentations ?

Zulée hocha la tête.

— Izah est une amie. Elle travaille... dans la même maison que moi. Ilma est ma sœur et je ne sais pas comment elle a pu arriver ici.

— C'est tout une histoire, dit Ilma d'une voix vibrante de tristesse.

— Eh bien tu nous la raconteras plus tard, coupa Assem. On a juste le temps d'aller chez Zorgues, avant que le jour se lève.

— Zorgues ? Qui est-ce ? interrogea Zulée.

— Un ami.

Il n'en dit pas plus.

CHAPITRE XIV

Malgré l'état de fatigue de Zulée et les blessures d'Assem, le petit groupe s'enfonça dans les rues d'Armaadar, en direction des bas-quartiers de la cité. Les fuyards marchaient le plus rapidement possible, profitant des dernières heures de la nuit. A trois reprises, ils durent se dissimuler dans des encoignures de porte pour laisser passer des patrouilles d'hommes d'armes. La ville était soumise au couvre-feu. Si on les découvrait, tout serait fichu.

Zulée et Ilma cheminaient serrées l'une contre l'autre, se tenant par la main. Elles ne parlaient pas, mais chacune d'entre elles ressentait l'émotion de sa sœur devant leurs inattendues retrouvailles. Pour Zulée, c'était comme si une partie d'elle-même lui était revenue. Pour Ilma, la présence de son aînée signifiait sécurité, bien-être.

— Tu-aha-eh est mort, souffla-t-elle seulement.

Les doigts de Zulée pressèrent les siens. Mais à cet instant, ils débouchèrent sur les bords de la rivière Armaar — qui donnait son nom à la ville — et Assem désigna du doigt une bâtisse d'aspect plutôt délabré, dont la façade s'avançait au-dessus des eaux. Une barge tirait mollement sur son amarre, au gré du courant.

— C'est là ! dit le Noir.

Ils s'avancèrent, et Assem frappa à la porte. Un instant passa, puis une voix se fit entendre :

— Qui est là ?

— Assem, répondit le géant. Ouvre !

Le battant s'entrebâilla et un visage apparut. Zulée réprima un grognement de surprise. L'homme qui leur faisait face était un Kerhouze. Mais un Kerhouze d'aspect assez différent de celui des clients de Dame Gizella. Une barbe fournie couvrait son menton et ses longs cheveux étaient nattés d'une façon qui rappela à la jeune femme certaines coiffures rituelles des peuples des plaines. Son torse nu était presque aussi puissant que celui d'Assem, et couturé de nombreuses cicatrices. Son regard clair se posa sur chacun d'entre eux, sans marquer d'étonnement.

— On a de gros ennuis, dit Assem.

— Entrez, répondit simplement le Kerhouze.

Le petit groupe pénétra dans l'habitation. Avec curiosité, Zulée considéra l'intérieur modeste, chichement éclairé par une lampe à huile. Bien qu'il n'y eût là qu'un minimum de meubles, une impression de quiétude s'en dégageait.

Le Kerhouze referma sa porte et se campa en face d'Assem.

— Tu es passé dans un broyeur ? demanda-t-il.

Le géant eut un petit rire.

— Non... Je dois ça à cette salope d'Allman ! Mais il ne l'a pas emporté en paradis. Il est mort !

— Allman, mort ? C'est la meilleure nouvelle que j'aie entendue depuis des siècles. C'est toi qui l'as tué ?

— Non. C'est elle !

Assem montra Zulée. Le Kerhouze coula un regard vers la jeune fille.

— Félicitation, dit-il. On devrait vous récompenser pour cette œuvre de salubrité publique !

Ses yeux se posèrent sur Izah et Ilma. La jeune Atagi tentait de ramener les lambeaux de ses vêtements sur ses formes dénudées. Ilma, elle, était entièrement nue et croisait ses bras devant ses seins. Le Kerhouze sembla apprécier le spectacle. La jeune femme baissa le nez, confuse.

— Je... je voudrais des vêtements, souffla-t-elle.

Elle avait parlé en azongah. A sa grande surprise et à celle de Zulée, le Kerhouze répliqua, dans la même langue :

— Je vais vous trouver ça... Mais auparavant, tu voudras peut-être faire un brin de toilette ? C'est par là...

Ilma et Zulée ouvraient de grands yeux.

— De quoi est-ce que vous parlez ? implora Izah.

Zulée traduisit. Assem eut un petit rire.

— Zorgues n'est pas un Kerhouze comme les autres, expliqua-t-il. Il a beaucoup voyagé et ne considère pas les peuples de couleur comme un ramassis de barbares ou d'esclaves en puissance.

Méfiante, Zulée fixa le Kerhouze. Zorgues lui rendit son regard, avec une ombre de sourire. Inexplicablement, la jeune femme se sentit en confiance. Elle se détendit.

— Je crois que tu peux le suivre, dit-elle à sa sœur.

Ilma hocha la tête et suivit le Kerhouze dans une pièce voisine.

— Qui est cet homme ? demanda Zulée à son ami.

Assem s'était laissé tomber assis sur une couche basse. Il se massait l'épaule.

— C'est quelqu'un de bien, répondit-il. Je l'ai rencontré il y a plusieurs années et bien que je ne sois qu'un esclave, il est devenu mon ami... Mon seul ami dans ce pays de merde ! Aux yeux de ses frères de race, il passe pour un marginal, une espèce de vagabond. Il va, il vient. Il disparaît parfois pendant des mois. Je sais qu'il a franchi plusieurs fois les frontières du pays. La preuve : il connaît votre langue, à ta sœur et toi. S'il est une seule personne en Armaadar qui peut nous aider à fuir, c'est lui.

— Mais est-ce qu'il le fera? questionna Izah.

— Ça, je suis prêt à le parier. Rien que par goût de l'aventure ou pour faire chier ses congénères!

Zorgues revenait. Il ouvrit un coffre, fouilla à l'intérieur, tendit des vêtements à Zulée et Izah.

— Mettez ça, dit-il. Ça sera plus confortable que vos voiles!

Les vêtements étaient de toile robuste, très simplement coupés, mais chauds et confortables. En les enfilant, Zulée eut l'impression de changer de peau. Elle ne ressemblait plus à une putain!

— Si vous me racontiez? suggéra Zorgues, lorsqu'elles furent habillées.

Zulée consulta Assem du regard. Le Noir inclina la tête. Alors elle relata les événements qu'ils venaient de vivre. Tandis qu'elle achevait, Ilma réapparut, propre, les cheveux tirés en arrière, vêtue, comme elle, d'une robe et d'une tunique. Impulsivement, Zulée se leva et étreignit sa sœur. Ilma éclata en sanglots.

— Ma chérie, murmura son aînée. Calme-toi... Dis-moi tout... Comment t'es-tu retrouvée en Armaadar?

Ilma soupira, essuya ses larmes.

— Un jour, des hommes blancs sont venus, expliqua-t-elle. Ils avaient traversé le désert à bord de chariots sans chevaux. Nous les avons pris pour des dieux et les avons accueillis avec amitié. Mais un beau matin, ils ont brandi des armes inconnues, qui crachaient le feu et le tonnerre... Beaucoup d'entre nous sont morts... Des femmes, des enfants... Nos guerriers ne pouvaient rien pour se défendre... Les Blancs ont mis le feu à notre village. Ils avaient fait prisonniers un grand nombre d'entre nous. J'en faisais partie. Tuaha-eh avait disparu... et... et mon bébé... et...

Ilma s'interrompit. Ses pleurs l'empêchaient de parler. Sobrement, mais la voix tremblante de douleur et de rage, Zulée traduisit, pour Assem et Izah. Zorgues avait baissé la tête.

Il ne semblait pas surpris.

— Ce sont des Acrathès qui ont fait le coup, dit-il lorsque la jeune femme se tut. J'ai entendu parler de ce raid, le premier mené de l'autre côté du Grand Fleuve. Il a rapporté beaucoup d'esclaves...

Il y eut un silence. Ilma reprit :

— J'ai souhaité mourir. Mais je ne suis pas morte. Les hommes blancs m'ont emmenée dans leurs chariots puants. Ils me battaient, ils... abusaient de moi... J'implorais la Déesse de me rappeler auprès d'elle. Je voulais retrouver mon époux, mon enfant... Mais la Déesse ne m'a pas écoutée... Je suis arrivée dans... dans cette ville. On m'a vendue à... au seigneur que tu as tué, Zulée. Il m'a torturée... Il... il m'avilissait...

Elle se tut à nouveau. Zulée serrait les poings, pâle de rage. Les autres ne disaient pas un mot. Zorgues fixait le sol. Ilma leva la tête vers sa sœur.

— Et puis... tout à coup tu as été là ! s'écria-t-elle. Et tu m'as sauvée ! Zulée... Je n'espérais plus te revoir ! Mais comment...

— Il m'est arrivé la même histoire qu'à toi, petite sœur. Moi aussi, les Kerhouzes m'ont torturée, avilie. Ce sont des bêtes immondes, cupides, sans scrupules. Ils sont la honte du genre humain...

Elle s'interrompit, jeta un regard à Zorgues. Mais le barbu se contenta de hausser les épaules.

— Petite, dit-il, je ne défendrai pas mes frères de race. C'est parce que je sais ce qu'ils sont que je les fuis depuis des années... Et c'est pour ça que je vous aiderai à leur échapper !

Il se leva.

— Mais en attendant, il vous faut du repos. Vous êtes ici en sécurité. Nul ne viendra vous y chercher. Dormez un peu. Je m'occuperai du départ.

Il cligna de l'œil à l'intention d'Assem et sortit sans rien ajouter.

Restés seuls, Zulée, Ilma, Izah et Assem se détendirent. Zulée s'approcha de son ami et l'examina attentivement.

— Qui t'a soigné ? demanda-t-elle.

— Un vieil esclave que je connais.

— Il a fait du bon travail. Bien sûr, j'aurais aimé voir ta fracture, mais c'est trop tard, à présent...

— C'était une cassure simple. Ce fumier d'Allman ne voulait pas que je sois trop abîmé. Je vaux cher... Alors il ne m'a pas fait bastonner trop longtemps !

Zulée eut un soupir haineux.

— J'aurais dû le faire crever encore plus douloureusement, grinça-t-elle.

Izah intervint :

— Mais comment tu as fait ? Je n'y comprends rien. Qui es-tu donc ?

Zulée ne pouvait différer plus longtemps ses explications à ses amis.

— J'ai été élue par la Déesse, dit-elle, et j'ai subi mon initiation auprès d'un puissant chaman azongah. Mes pouvoirs sont grands, mais je ne peux les utiliser qu'à bon escient. Nul ne doit soupçonner ma vraie nature.

Assem et Izah considéraient la jeune femme avec étonnement.

— Mais si tu as des pouvoirs, s'écria Izah, pourquoi ne les utilises-tu pas pour anéantir les Kerhouzes. Alors les autres peuples auraient la paix !

— Ce n'est pas si simple. Je sens... non... je *sais* que la Déesse ne désire pas que j'agisse ainsi. Au reste, je ne le pourrais pas. Tu as pu te rendre compte qu'après avoir usé de magie, je suis épuisée. Il me faut du temps pour recouvrer mes forces. Je suis sûre que l'effort nécessaire pour jeter un sort à *tous* les Kerhouzes me tuerait. Enfin... ils ne sont peut-être pas *tous* mauvais. Je ne voudrais pas... sacrifier des innocents pour me débarrasser de coupables.

Izah fit la moue. Elle n'éprouvait visiblement pas les scrupules de Zulée, mais ne protesta pas.

— Avant de songer à jeter des sorts, reprit la jeune femme, il faut fuir. Assem, est-ce que nous pouvons faire réellement confiance à Zorgues ?

— Bien sûr que oui ! Sinon je ne vous aurais pas menées ici.

— Alors faisons comme il a dit : prenons du repos. Nous en avons besoin.

Zorgues resta absent presque tout le jour suivant. Mais alors que les rayons du soleil, passant par l'unique étroite fenêtre de son logis, se faisaient obliques, il reparut, portant des vivres sur lesquelles les fuyards se jetèrent. Le Kerhouze les regarda manger avant de dire :

— J'ai des nouvelles...

Zulée leva les yeux, intriguée par l'intonation dans la voix de leur hôte. Zorgues la dévisageait.

— Qu'est-ce que tu as fait exactement au seigneur Allman ? demanda-t-il.

Mal à l'aise, Zulée reposa le morceau de viande séchée dans lequel elle était en train de mordre.

— C'est difficile à expliquer pour un non-initié, éluda-t-elle. J'ai retourné sa... sa mauvaise nature contre lui, pour qu'elle le ronge... Pourquoi ?

— Parce que ça ne semble pas avoir été entièrement efficace. Allman n'est pas mort !

Zulée resta la bouche ouverte. Izah et Assem tressaillirent. Avec un haussement d'épaule, Zorgues continua :

— Mais ta vengeance est encore plus cruelle. Zorgues est infirme, désormais. Ses jambes étaient pourries jusqu'aux cuisses et un mire a dû l'amputer. De plus... hem... il lui manque la moitié du sexe...

Malgré la confusion de son esprit, Zulée ne put s'empêcher de sourire.

— Comme ça, il n'ennuiera plus les dames ! gloussa Assem.

— Il n'empêche qu'il réclame justice, qu'il exige que ses esclaves fugitifs soit mis à mort. La police de la ville est sur les dents. Il va nous falloir faire preuve d'une grande prudence pour fuir.

Zulée hocha la tête.

— Et les autres seigneurs ? demanda-t-elle.

— Eux sont morts. Leurs familles exigent aussi vos têtes. On offre des récompenses. Je voulais que nous attendions que les événements se tassent un peu pour partir, mais je crois que ce ne serait pas prudent.

— Quand allons-nous partir ? demanda Izah.

— Cette nuit même.

La jeune Atagi joignit ses mains.

— Le plus tôt sera le mieux. Il me tarde de revoir mon pays !

Zorgues fit un signe de dénégation.

— Non. Ce serait une erreur de fuir en direction de l'ouest. On sait que vous êtes originaires de là-bas et on pense que ce sera vers votre pays d'origine que vous vous dirigerez. Les routes vont être surveillées. Et puis nous devrions traverser le pays des Acrathès. C'est trop risqué.

— Alors, que va-t-on faire ? demanda Assem.

— Nous allons fuir à bord de ma barge, en suivant l'Armaar.

— Mais l'Armaar coule vers le sud ! protesta Zulée.

— Tout juste ! Qui croira que vous vous enfoncez en pays kerhouze ? Ne soyez pas trop inquiets. A dix jours d'Armaadar commence une vaste région presque déserte. Là, nous abandonnerons la barge et nous dirigerons vers l'est. Nous contournerons le pays des Acrathès et rejoindrons les plaines au niveau des Montagnes de Feu...

— Ça ne me dit rien, maugréa Zulée.

— C'est une chaîne de hautes collines qui marquent la frontière entre les pays des plaines et d'autres contrées au climat plus chaud.

— C'est mon pays d'origine ? demanda Assem.

— Non... Toi, tu viens d'encore plus loin. D'au-delà de l'océan. Là-bas, je n'y suis jamais allé. Un jour, peut-être...

Zulée ne dit rien. Elle demeurait songeuse, anxieuse de la perspective de ce long voyage qu'ils allaient entreprendre. Mais surtout, elle se posait une question angoissante qui, elle le savait, l'obséderait jusqu'à ce qu'elle en ait trouvé la réponse... si elle la trouvait un jour : quelle puissance avait pu contrecarrer le sort qu'elle avait jeté sur le seigneur Allman ? Quel sortilège magique avait mis en échec la volonté de la Déesse ? Car il ne pouvait s'agir que de magie. De cela, elle ne doutait pas une seconde !

— C'est bon ! déclara Zorgues en se levant. Il me reste quelques détails à régler. Lorsque je reviendrai, il sera temps de partir !

*
**

Zulée écarta le lattis de roseaux tressés sous lequel elle s'était dissimulée et regarda, sur la route qui longeait la berge occidentale de l'Armaar, le convoi qui s'éloignait dans un nuage de poussière. Elle se détendit. Elle devait reconnaître que Zorgues connaissait son affaire, mais c'était plus fort qu'elle : à chaque fois qu'apparaissaient des Kerhouzes, elle se mettait à trembler. Elle n'avait plus assez confiance en ses dons pour se sentir tout à fait en sécurité.

— Vous pouvez ressortir !

Les fugitifs montèrent sur le pont de la barge. Assis à l'arrière, Zorgues maniait le petit moteur poussif qui propulsait l'embarcation. Zulée sourit en voyant le mouvement de recul d'Ilma. Sa sœur ne s'était pas encore habituée à l'insolite de ces engins bruyants. Mais elle-même, à son arrivée en Armaadar, avait longtemps cru qu'il s'agissait là de sorcellerie. Il lui avait fallu beaucoup de temps pour assimiler des notions aussi étrangères à son âme de fille des plaines que celles de technologie, énergie, modernisme... Elle avait fini par s'y faire. Les Kerhouzes étaient les héritiers d'une science oubliée, qui avait été celle des anciens humains, ceux d'avant que le Grand Souffle règne sur le monde et engendre la Déesse. C'était cette science qui leur donnait leur puissance. Une puissance qu'ils utilisaient pour le Mal...

— Travaillez aux filets, dit Zorgues. Il n'y a déjà plus grand monde, par ici, mais si quelqu'un nous aperçoit je préfère qu'il nous prenne pour des pêcheurs.

Les fugitifs acquiescèrent et, s'accroupissant non loin de leurs compagnons, s'affairèrent prétendument à délover les filets. Malgré son bras cassé, Assem s'y mit également. Il était le seul à avoir conservé ses vêtements par cette lourde chaleur, et avait enfoncé un large chapeau de paille sur son visage sombre. Il valait mieux qu'il ruisselle de transpiration plutôt qu'on le reconnaisse comme Noir.

— Tout va bien, dit Zorgues. Les caravaniers n'ont même pas fait attention à nous.

Zulée leva la tête. Elle remarqua que le Kerhouze regardait Ilma. Depuis qu'ils avaient quitté Armaadar, il la regardait souvent. Elle se demanda si elle devait s'en réjouir ou non. Ilma ne semblait avoir rien remarqué. Elle vivait encore sa peine de la disparition de Tuaha-eh et de son enfant. Zulée aurait voulu qu'un peu de gaieté vienne lui mettre du baume au cœur. C'était sans doute trop tôt, mais elle se prenait à espérer. Zorgues était un homme droit et fort, au calme imperturbable, qui ne correspondait en rien à ses frères de race. Il faisait plutôt penser à ces hommes des plaines, rudes mais loyaux, batailleurs mais spontanés et dont les sentiments pour leurs compagnes, pour discrets qu'ils fussent, n'en étaient pas moins solides. Si sa sœur acceptait de se reposer sur l'amitié qu'il semblait prêt à lui offrir, son chagrin s'atténuerait peut-être...

Zulée soupira. Ilma avait été trop profondément blessée pour retrouver facilement la joie de vivre. Elle n'avait pas sa force morale. Il est vrai qu'elle, Zulée, n'avait perdu ni enfant ni mari...

Zulée se rendit compte qu'Assem la regardait. Elle lui sourit. Le Noir lui fit un clin d'œil, qui suffit à son bonheur. Assem n'était pas très expansif. Mais elle savait à quel point elle comptait pour lui. Mille petits riens, mille attentions dont il l'entourait le lui prouvaient, et son cœur fondait lorsqu'elle songeait qu'ils partaient, ensemble, pour un long, très long voyage. Ils n'avaient jamais parlé de ce qui se passerait lorsqu'ils arriveraient aux Montagnes de Feu. Assem voudrait peut-être continuer sa route, rentrer dans son pays. Lorsqu'elle songeait à cette éventualité, Zulée sentait un grand effroi pénétrer son âme... Elle devait se retenir pour ne pas éclater en sanglots. Assem était son seul ami, et plus qu'un ami. Lorsqu'il la caressait, elle fondait. Lorsqu'il posait ses lèvres sur sa joue, elle retenait son souffle. Lorsqu'il la rejoignait sous sa couverture et qu'il s'étendait sur elle, elle oubliait tout. Même Ilma. Même la Déesse...

Et même ce doute qui la rongeait : un ennemi inconnu, infiniment plus redoutable qu'une armée de Kerhouzes, s'était levé, pour s'opposer à elle.

Lorsque le soleil ne fut plus qu'une boule rouge au ras de l'horizon, Zorgues mit le cap vers la rive. L'Armaar était un large fleuve au cours paisible, qui traversait d'immenses espaces à peu près vides, mais leur guide prenait toujours garde à n'accoster qu'en des lieux tout à fait déserts. Ce soir-là, Zorgues choisit une langue de sable dissimulée au pied d'une falaise abrupte que couronnaient d'épais ronciers.

Heureux de se dégourdir les jambes, les voyageurs descendirent de la barge et se plongèrent avec délice dans l'eau encore chaude des heures diurnes. Zulée et Assem s'aspergèrent en riant. Izah, qui était indisposée, s'était accroupie un peu à l'écart pour faire sa toilette. Ilma jouait distraitement avec un caillou.

Après avoir amarré la barge, Zorgues rejoignit ses compagnons. Il semblait soucieux.

— Demain, dit-il, nous allons passer à proximité de Sheh-Azar. C'est la seconde ville du pays kerhouze... et le point le plus délicat de notre voyage. Le fleuve se resserre et des maisons sont bâties sur ses deux rives. Nous ne pourrons éviter qu'on nous voie. En principe on ne devrait pas nous chercher d'histoire, mais au cas où cela se produirait... Suivez-moi, voulez-vous !

Intrigués, les fugitifs suivirent Zorgues, qui retournait au bateau. Ils remontèrent à bord. Zorgues souleva un panneau du pont. Il braqua un instrument et de la lumière jaillit. Ils découvrirent une caisse, soigneusement calée avec des bottes de roseaux. Zorgues descendit dans la cale, ouvrit la caisse. Lorsqu'il se redressa, il tenait entre ses mains une de ces armes sonores qui avaient tant impressionné Zulée.

— Ça s'appelle un fusil, expliqua le Kerhouze. Ne me demandez pas qui a inventé cette chose : je n'en sais rien. Ça remonte à la nuit des temps. Mais c'est redoutablement efficace, comme vous devez le savoir. Je veux que vous en ayez chacun un !

Il tendit l'arme à Zulée, qui la saisit et fut étonnée par son poids. Il en distribua pareillement une à Izah et Ilma.

— Pour toi, dit-il à Assem, voilà quelque chose de plus maniable. Ça s'appelle un pistolet. C'est aussi efficace.

Les quatre jeunes gens comparèrent leurs armes.

— Comment ça fonctionne ? demanda Izah.

— Je vais vous expliquer...

Durant presque une heure, Zorgues fit une démonstration de maniement d'armes à ses compagnons. Le moment le plus excitant fut sans conteste lorsqu'il leur fit essayer fusils et pistolet sur une souche qui se dressait au bord de l'Armaar. Le crépitement des coups de feu, l'odeur de la poudre, grisèrent Zulée. Lorsqu'ils s'approchèrent de l'arbre déraciné, et que la jeune femme examina les impacts, un sentiment de revanche lui fit battre le cœur. Avec de telles armes, ils pouvaient venir, les Kerhouzes. Elle ne les craignait pas !

Zorgues les estima enfin aptes à se battre avec des armes modernes.

— Halte au feu, dit-il. Inutile de gaspiller nos munitions. Un peu plus tard, alors qu'ils mangeaient, assis autour d'un feu, Ilma se racla la gorge et, s'adressant à Zorgues, demanda :

— Pourquoi les Kerhouzes sont-ils aussi cruels avec les autres peuples ? Pourquoi pillent-ils, violent-ils, massacrent-ils ceux qui ne leur ressemblent pas ? Pourquoi réduisent-ils en esclavage des tribus entières ?

Zulée dévisagea sa sœur avec un peu d'étonnement. C'était la première fois, depuis leur fuite d'Armaadar, qu'Ilma s'adressait ainsi à leur compagnon.

Zorgues fourragea dans sa barbe avec embarras.

— Je crois que les raisons sont religieuses, répondit-il.

— Religieuses ? s'étonna Zulée.

— Oui... Personnellement, je ne crois en aucun dieu, en aucune déesse, génie ou démon... Mais il existe une croyance, très répandue parmi les Kerhouzes, qui affirme qu'ils sont le Peuple Élu, qu'ils possèdent de ce fait des droits sur le monde, et que les autres peuples doivent leur être soumis... En fait, cette religion affirme que les autres peuples ne sont pas vraiment composés d'humains, mais de créatures inférieures que l'on peut asservir ou massacrer impunément.

— Mais c'est une religion impie ! s'écria Ilma.

— Je suis bien de ton avis ! Mais elle est puissante, et ses prêtres très actifs. De plus, elle affirme que faire du profit plaît à Dieu, que les Kerhouzes doivent s'enrichir, afin de lui offrir plus de sacrifices, que leur domination ne doit pas avoir de bornes... Au fond, les Kerhouzes n'ont pas conscience du mal qu'ils font, parce qu'ils ne savent pas que c'est mal. Personne n'a honte d'écraser un cafard... Pour eux, vous ne valez pas plus que des cafards !

Il y eut un silence. Ilma le rompit :

— Comment se fait-il que tu n'agisses pas comme tes frères ?

Zorgues eut un petit rire.

— J'ai toujours détesté qu'on pense à ma place, qu'on m'impose une croyance. Je suis curieux de savoir, de comprendre... Ça m'a valu pas mal d'ennuis. Pour échapper à ces ennuis, je suis parti, j'ai voyagé, rencontré d'autres peuples. J'ai compris que les Kerhouzes ne leur étaient pas supérieurs, et que les différences de peau, de culture, de mode de vie n'impliquent pas que certains doivent exploiter les autres... Remarque que vous n'êtes pas parfaits non plus, dans les plaines. Vous vous faites la guerre et vous vendez vos prisonniers aux Acrathès.

— Quoi ? s'exclama Zulée. Jamais les Azongahs n'ont fait ça !

— Ni les Ahl-Hâkans ! ajouta Ilma.

— Peut-être parce qu'ils n'ont pas eu de rapports avec les Acrathès. Le désert les en a préservés... Mais bien des tribus le font, sans le moindre scrupule.

Dégoûtée, Zulée secoua la tête.

— Il a raison, dit Assem. Comment crois-tu que je me sois retrouvé esclave ? J'ai été vendu par mes frères.

— C'est ignoble ! soupira Ilma.

Zorgues se leva.

— L'homme est un être complexe, capable du meilleur et du pire... J'en connais qui pensent comme moi, qui ne sont pas d'accord avec l'expansionnisme maladif du peuple kerhouze. Mais ils ne peuvent guère faire entendre leur voix... En attendant, je crois qu'il est temps de prendre un peu de repos. Demain risque d'être une journée mouvementée...

CHAPITRE XV

Sheh-Azar était une cité moins étendue qu'Armaadar, mais d'aspect tout aussi disgracieux, pour Zulée qui, dissimulée dans l'abri de la barge, en surveillait les maisons. Un voile de poussière blanche flottait sur la ville, estompant les contours des bâtiments et transformant les passants en pantins blafards. Zorgues avait expliqué que cela provenait d'une carrière exploitée par des armées d'esclaves, aux abords de l'agglomération. Du reste, cette poussière provoquait des maladies dont beaucoup d'hommes, de femmes et d'enfants mouraient. Zulée en fut ravie. Elle aurait voulu que cette maladie anéantisse tous les Kerhouzes !

Mais pour l'heure, les habitants de Sheh-Azar étaient bien vivants, et se pressaient sur les bords du fleuve. Zorgues avait réduit l'allure de la barge et louvoyait lentement entre la multitude d'embarcations qui encombrait le cours d'eau. C'était apparemment jour de marché, et nombreux étaient les paysans venus vendre le produit de leurs cultures aux citadins. Cela rappelait à Zulée l'époque où elle attendait le client à l'orée de la ville des Ahl-Hâkans, mais la ressemblance s'arrêtait là. Les Kerhouzes, comme toujours, étaient bruyants, agités, s'interpellant les uns les autres, marchandant à grand renfort de jurons et de gestes des mains, se disputant, parfois violemment, pour une place qu'ils estimaient leur revenir et qu'un autre leur avait prise.

Toute cette agitation présentait cependant un avantage. Personne ne faisait attention à cette barge qui se frayait un chemin au milieu des autres. Avachi sur son moteur, Zorgues ressemblait à n'importe quel paysan. Il répondait par monosyllabes à ceux qui l'injuriaient de trop s'approcher, ne levait pas la tête de sous son chapeau et bâillait ostensiblement, comme s'il était mal réveillé.

Zulée n'était pourtant pas tranquille. Elle pouvait voir, marchant sur les quais de chaque côté du fleuve, des hommes d'armes qui, de temps en temps, hélaient un des marchands, le forçaient à accoster, et montaient à bord pour se livrer à une inspection en règle de sa barque et de ses marchandises.

— Ils vérifient que les taxes ont bien été acquittées, expliqua Assem.

Le Noir étreignait nerveusement la crosse de son pistolet. Zulée le connaissait à présent assez pour ne pas deviner qu'il enrageait de se sentir diminué. Assem était une force de la nature qui acceptait difficilement l'infirmité ou la maladie. Malgré son angoisse, elle lui posa la main sur l'épaule.

— Calme-toi, dit-elle. Tout va bien.

Elle jeta un coup d'œil à Ilma et Izah, accroupies comme elle sous le toit de l'abri. Elles avaient armé leurs fusils et se tenaient prêtes à faire feu, mais Zulée espérait de toutes ses forces qu'ils ne devraient pas en arriver là. Même avec leur puissance de tir, ils ne pourraient tenir en échec une foule aussi nombreuse.

A la proue de la barge, les embarcations se faisaient moins nombreuses. L'Armaar décrivait un coude et s'élargissait, semblait-il. Zulée se prit à espérer. Ils allaient réussir à traverser Sheh-Azar sans encombre !

Elle ne fut cependant pas surprise lorsqu'un groupe

d'hommes héla Zorgues, du quai. Elle s'était tellement attendue à ce que cela se produise !

— Toi, là-bas ! cria un sergent en agitant un fusil, approche un peu !

Zorgues ne réagit pas, ne sembla pas avoir entendu. Mais son visage, ordinairement affable et calme, s'était durci. Ses yeux flamboyèrent.

— Tenez-vous prêts, souffla-t-il à l'intention de ses compagnons.

Zulée retint son souffle. Le sergent agitait son arme.

— Tu m'entends, l'homme au chapeau, sur la barge ! cria-t-il. Accoste immédiatement !

Zorgues feignit de se rendre seulement compte que c'était à lui qu'on en avait. Il mima la surprise et s'écria, avec un affolement feint :

— J'arrive ! J'arrive, seigneur !

Il tourna le moteur de la barge de façon à ce que l'embarcation se dirige vers le quai, ralentit l'allure.

— A mon signal, murmura-t-il.

Zulée leva son fusil, songeant que Zorgues faisait montre d'un sang-froid incomparable. Peut-être avait-il déjà dû faire face à ce genre de situation...

L'embarcation n'était plus qu'à quelques coudées du quai, et les hommes d'armes s'étaient approchés, quand Zorgues donna un brusque coup de gaz, pointant le nez de la barge vers l'aval.

— Feu ! cria-t-il.

A travers le lattis, Zulée visa les hommes d'armes et écrasa la détente de son fusil. Les roseaux volèrent en miettes, pulvérisés. Un soldat s'effondra à la renverse. L'instant d'après, Izah et Ilma ouvraient le feu. L'épaule secouée par le recul de la rafale, Zulée vit le sergent tomber à l'eau en hurlant. Les autres soldats se couchèrent à plat ventre. L'un d'eux eut un sursaut, lâcha son arme et roula sur le flanc...

Dans une gerbe d'écume, la barge filait à travers la nuée des embarcations des paysans. Son moteur devait être très puissant, car la proue avait déjaugé et, à l'arrière, un large sillage secouait toutes les autres barques. Le navire heurta un chaland chargé de fruits et le retourna sans coup férir. Un peu partout, des hommes et des femmes sautaient à l'eau, hurlant de terreur. Des rives, des coups de feu se firent entendre. Zulée eut l'impression qu'une guêpe miaulante passait au-dessus de sa tête. La main d'Assem la saisit à l'épaule, la força à se coucher derrière le plat-bord.

— Tu veux te faire tuer ? rugit le Noir.

Zulée appuyait toujours convulsivement sur la détente de son fusil, mais plus rien ne se passait. Elle comprit que son arme était vide. Comme le lui avait appris Zorgues, elle éjecta son chargeur, en engagea un autre, tira sur le levier d'armement du fusil. La barge dépassait les dernières barques. Mais, sur les berges, des soldats accouraient, tirant sans souci des balles perdues qui fauchaient, alentour, ceux qui n'étaient pas assez rapides pour se coucher au fond de leurs embarcations ou sauter à l'eau. Pleine de haine, elle visa et ouvrit à nouveau le feu. Elle eut la rageuse satisfaction de voir plusieurs Kerhouzes s'écrouler sanglants sur le sol.

Enfin, alors qu'une ultime rafale les saluait, Zorgues, qui n'avait pas bougé de sa place malgré la fusillade, engagea la barge dans le coude du fleuve.

— On a gagné ! cria Izah. On les a eus !

— Non ! répliqua Zorgues. Pas encore ! Regardez !

Il montrait deux navires qui venaient d'apparaître, d'un chenal perpendiculaire au fleuve. Malgré la pétarade du moteur de la barge, ils purent entendre le rugissement strident de ceux des embarcations.

— Qu'est-ce que c'est que ça ? s'écria Ilma, épouvantée.

— Des vedettes des douanes, répondit Zorgues. Ce sont des bateaux puissamment armés, et plus rapides que n'importe quoi d'autre !

Il ne s'affolait pas pour autant. Il dirigea la barge vers

une suite de bancs de sable effleurant à la surface de l'Armaar.

— Qu'est-ce qu'on va faire ? demanda Zulée.

— Il faut tenir une lieue ! En aval, il y a un immense marais plein d'îles. Je saurai les y semer !

Avec angoisse, Zulée considéra les proues effilées des vedettes. A leur tour, les deux navires venaient de s'engager à travers les bancs de sable. Ils se rapprochaient. Elle douta qu'ils puissent les distancer pendant toute une lieue.

Zorgues dut avoir le même doute car, alors qu'ils abordaient un chenal relativement rectiligne, il cria à Assem :

— Prends ma place ! Vite !

Le Noir le remplaça au moteur.

— Reste bien au milieu de la passe ! dit Zorgues. Surtout, ne t'approche pas du bord ou nous allons nous échouer.

— Qu'est-ce que tu as dans l'idée ?

— Tu vas voir !

Zorgues ouvrit le panneau de cale. Il y plongea, fouilla un instant parmi ses caisses et cordages, reparut, tenant en main un étrange objet cylindrique, qu'il disposa sur son épaule.

— C'est quoi, ça ? interrogea Ilma.

— Je ne connais pas son nom. Je l'appelle « crache-feu ». C'est encore plus rare que les fusils. J'ai celui-là depuis pas mal de temps, mais je crois qu'il est temps que je l'utilise. Ne restez pas derrière moi !

Zulée, Ilma et Izah s'écartèrent. Zorgues prit son temps pour ajuster les vedettes. Également engagées dans le chenal, comme la barge, elles devaient naviguer en ligne droite l'une derrière l'autre. Zorgues visa la première.

Deux jets de feu jaillirent à chacune des extrémités du tube. Zulée sentit une onde de chaleur qui lui rôtissait le front et poussa un cri étranglé... qui se changea en hurlement de stupeur. L'éclair venait de frapper de plein fouet la première vedette. Dans un grondement de fin du monde, l'embarcation explosa, se désintégrant en milliers de débris qui montèrent vers le ciel avant de retomber en pluie.

— Et d'une ! brailla Zorgues, agitant le poing en signe de victoire.

— A l'autre ! hurla Ilma avec enthousiasme. Coule-là !

Zorgues secoua la tête.

— Le crache-feu ne peut servir qu'une fois et je n'en ai pas d'autre ! A vos fusils !

Il jeta le tube inutile et voulut reprendre sa place au moteur. Mais Assem secoua la tête.

— Tu tireras mieux que moi avec tes deux bras !

— Alors baisse-toi ! Tu es si grand qu'on pourrait te coller une balle dans le dos sans même viser !

Assem eut un large sourire et inclina — à peine — la tête. Zorgues saisit un fusil. Zulée, qui les observait, eut l'impression qu'ils s'amusaient comme des enfants. Le jeu était pourtant mortel !

Sur leur arrière, la seconde vedette avait ralenti. Sans doute échaudés par ce qui était survenu à leurs camarades, les soldats, à bord, gardaient leurs distances. Zorgues lâcha une longue rafale, qui fit jaillir des gerbes d'eau devant l'étrave du navire. Celui-ci ralentit encore.

— Je vois le marais ! cria Izah.

A cet instant, de l'avant de la vedette, retentit une longue rafale. La surface du fleuve éclata en une série de geysers qui remontèrent vers la barge.

— A droite ! hurla Zorgues.

En un réflexe, Assem obéit. Les occupants de la barge entendirent les balles miauler tout près d'eux.

— A gauche ! cria Zorgues.

Assem s'était penché en avant, sans plus crâner, cette fois. Il poussa la barre du moteur et, à nouveau, les balles frôlèrent l'embarcation.

— Zigzague, dit Zorgues au Noir. Ces fumiers ont une mitrailleuse. Ils vont nous mettre en pièces.

De la vedette, on tirait sans discontinuer. Zulée épaula, visa. Elle vit les impacts de ses balles se perdre sur l'avant du navire de leurs poursuivants.

— Couche-toi ! lui cria Zorgues. Ils sont hors de notre portée. Mais eux peuvent nous canarder comme ils veulent !

Effectivement, une rafale toucha la barge. Des éclats de bois volèrent en tout sens. Ilma cria de douleur, sa joue écorchée par une écharde. Assem s'était roulé en boule sur le pont, sans toutefois lâcher la barre, et dirigeait tant bien que mal la barge, pleins gaz, d'une berge à l'autre, au risque de s'échouer.

Le tir cessa enfin. La barge ressemblait à une épave, son bordé festonné de trous. Par miracle, personne n'avait été blessé. Mais Zulée avait conscience qu'ils ne pourraient échapper longtemps aux armes lourdes des soldats.

— Qu'est-ce qu'ils font ? gémit Ilma.

— Ils rechargent, répondit Zorgues d'une voix tendue. Ça va être notre fête !

Zulée tourna la tête. Elle pouvait voir le marais, au bout du chenal. Ils n'auraient jamais le temps de l'atteindre.

Ilma poussa un cri :

— Il y a de l'eau !

Zorgues baissa la tête, grommela ce qui était sûrement un juron.

— Ils ont crevé la coque. On coule !

La barge s'alourdissait, répondait mal aux sollicitations d'Assem à la barre. Sur le pont de la vedette, plusieurs hommes s'activaient autour de ce qui devait être la mitrailleuse. Ces salauds prenaient leur temps ! Ils avaient compris que leur proie ne leur échapperait plus et savouraient leur triomphe.

— Ordures ! siffla la jeune femme, entre ses dents.

Un flot de haine montait dans son esprit, irrépressible, annihilant tout raisonnement, toute pensée. Brusquement, la vision de la Déesse éclata devant ses yeux. Ce fut si intense, si tangible que, l'espace d'un instant, Zulée *vit* la divinité se tenir auprès d'elle. Cette divinité à laquelle elle s'était une fois identifiée.

La Déesse disparut, et son image fut remplacée par celle d'une vague. Cette fameuse vague qu'elle avait déjà vue déferlant, mortelle, sur les peuples des plaines et les engloutissant. Cette vague dont elle connaissait à présent la nature. Cette vague qu'elle seule pouvait contrecarrer...

Un brusque vertige s'empara de Zulée. De toute la force de son âme, elle se concentra sur la vision de la vague, la canalisa, la matérialisa en une force réelle, aussi irrésistible que celle de sa vision.

Zorgues, Assem et Izah poussèrent le même cri de stupeur. Ilma se rapprocha de sa sœur et lui saisit instinctivement la main. Mais Zulée ne la sentit pas. Agenouillée, tout son corps tétanisé par l'effort, elle projetait sa magie sur la vedette ennemie.

Entre les deux navires se levait une lame grondante, aussi haute qu'un raz-de-marée, et cette vague se précipitait, à CONTRE-COURANT, à la rencontre des Kerhouzes...

Désespérément, les soldats tentèrent de virer de bord. Mais ils ne pouvaient rien contre l'inconcevable. L'implacable phénomène prit la vedette de flanc, la souleva un instant sur sa crête écumante. Les occupants de la barge perçurent brièvement les cris d'épouvante de leurs ennemis...

La vedette se retourna quille en l'air. La vague se referma. Lorsqu'enfin les flots s'apaisèrent, il ne subsistait aucune trace du navire.

Pétrifiés, Zorgues, Assem, Izah et Ilma contemplèrent

un long instant la surface calme du fleuve. Le premier, Assem se tourna vers Zulée. Il étouffa un cri.

La jeune femme s'était effondrée sans connaissance...

⁂

Ce fut une sensation fraîche qui la ramina.

— Ça va mieux ? demanda Ilma.

Zulée ne répondit pas. Elle se sentait si mal qu'elle crut qu'elle allait mourir. Ilma lui bassina à nouveau le front.

— Tu es la plus grande magicienne de tous les temps ! lui dit sa sœur d'une voix vibrante d'admiration.

— Les... soldats ? murmura Zulée.

— Morts ! lui répondit joyeusement Ilma. Au fond de l'eau ! C'est bien fait !

Zulée se redressa péniblement. Elle regarda tout autour d'elle. En compagnie d'Ilma, elle se trouvait au pied d'un arbre qui étendait ses branches au-dessus d'une étendue d'eau apparemment stagnante.

— Où sommes-nous ?

— Au cœur des marais. Zorgues a eu le temps de nous y mener avant que la barge ne coule.

— Assem ?

— Il va bien. Il est parti avec Izah et Zorgues à la recherche d'un moyen de transport.

— Un moyen de transport ?

— Nous sommes en sécurité pour le moment, mais il ne faut pas qu'on s'attarde.

Zulée hocha la tête. Elle pouvait voir, entassée à proximité, une partie de leurs affaires. Ils en avaient perdu beaucoup, semblait-il, dans le naufrage de la barge.

— Tu es extraordinaire, s'écria Ilma. J'ai cru que je rêvais lorsque cette vague s'est levée. Les Kerhouzes n'ont rien pu faire. Avec tes pouvoirs, tu vas les balayer de la surface du monde !

Zulée ne répliqua pas. Elle avait si froid qu'elle pouvait croire que ses veines charriaient de la glace. Jamais encore faire usage de ses pouvoirs ne l'avait à ce point épuisée. Avec angoisse, elle se demanda si ce n'était pas là une conséquence de cette force qui s'était opposée à elle lorsqu'elle avait frappé Allman. Était-elle vraiment apte à remplir la mission que lui avait confiée la Déesse ? Que se passerait-il si son corps la trahissait, si son énergie lui faisait ainsi défaut ?

Un craquement de branchage se fit entendre et Ilma, en alerte, leva son fusil. Mais elle se détendit en voyant apparaître Izah et Zorgues.

— Ça va ? demanda le Kerhouze à Zulée.

La jeune femme fit un signe affirmatif.

— On ramasse les bagages et on file, dit Izah. On a trouvé un camion !

— Un camion ? s'exclama Zulée.

— Oui, expliqua Zorgues. Il y a une route qui traverse le marais, un peu plus loin. Coup de chance, un camion s'y trouvait précisément arrêté, en panne. Ses occupants ne nous ont pas entendu arriver. Ils étaient trop occupés à réparer...

— Tu les as tués ? s'enquit Ilma, vengeresse.

Zorgues lui jeta un regard amusé.

— Je ne tue pas tout le monde, tu sais... Nous les avons seulement assommés, Assem et moi... Même avec un seul bras, il est fort comme un taureau, cet animal !

Sans s'attarder, ils se chargèrent de leurs affaires. Malgré sa fatigue, Zulée tint à en prendre sa part. Ils s'enfoncèrent dans le marais, avançant difficilement sur le sol gorgé d'eau. Heureusement, ils n'eurent pas à aller trop loin. Ils débouchèrent sur une piste surélevée qui, comme l'avait dit Zorgues, coupait à travers le marais. Un camion les y attendait. Deux hommes gisaient sur le sol, sous la garde d'Assem. En voyant apparaître Zulée, le grand Noir eut un rire clair. Il étreignit fougueusement la jeune femme, de son seul bras valide.

— Tu m'as fait peur, petite, souffla-t-il.

Zulée se laissa aller contre sa poitrine, habitée par un sentiment de bonheur. Dans les bras d'Assem, elle ne risquait rien.

— Plus tard, les embrassades ! gloussa Zorgues. On a du chemin à faire !

Assem et Zulée se désunirent. Rapidement, les fuyards chargèrent leurs bagages à bord du camion. Ilma regardait l'engin avec une répugnance non dissimulée. Zorgues lui donna un petit coup de coude.

— Je suis désolé, dit-il, mais je n'ai pas pu trouver de chevaux...

Ilma lui répondit par un bref sourire.

— Tu crois que le moteur va tenir ? demanda Assem à son ami.

— Oui... La panne n'était pas grave. Il y a du fuel en quantité, de la bouffe... C'est le paradis !

Zorgues claqua dans ses mains.

— Tout le monde à bord !

Les jeunes gens embarquèrent. Zulée nota qu'Ilma s'installait dans la cabine, à côté de leur ami. Le moteur hoqueta, gronda enfin, apportant des relents nauséabonds. Secouée par un cahot, la jeune femme se rapprocha d'Assem. Le Noir la saisit par les épaules. Un instant s'écoula. Zulée contemplait distraitement la route qui défilait, à l'arrière du véhicule prenant de la vitesse. La nuit était proche.

— Et maintenant ? murmura doucement Assem, la serrant plus fort contre lui.

Zulée ne répondit pas. Maintenant... Elle ne pouvait savoir ce que lui réservait l'avenir. Mais elle était sûre d'une chose : elle avait regagné sa liberté et son véritable combat allait commencer...

DÉJÀ PARUS DANS LA MÊME COLLECTION

1900.	*Le huitième cristal du docteur Mygale*	Max Anthony
1901.	*Awacs*	Alain Paris
1902.	*Les fruits sataniques*	Alain Billy
1903.	*Magie sombre*	Gilles Thomas
1904.	*La falaise*	Th. Cryde
1905.	*Le temps et l'espace (S.S.P.P.)*	Jean-Pierre Garen
1906.	*Abîmes*	Serge Brussolo
1907.	*Les guerriers de glace*	Hugues Douriaux
1908.	*Tremblemer*	Alain le Bussy
1909.	*Rézo*	Laurent Genefort
1910.	*Boulevard des miroirs fantômes*	Max Anthony
1911.	*Le visage derrière la nuit*	Maurice Périsset
1912.	*Roll over, Amundsen*	Jean-Claude Dunyach
1913.	*Chair inconnue*	Oscar Valetti
1914.	*Rawahlpurgis*	Piet Legay
1915.	*Achéron*	Alain Paris
1916.	*Les moines noirs (S.S.P.P.)*	Jean-Pierre Garen
1917.	*La forteresse pourpre*	Manuel Essard
1918.	*Crache-béton*	Serge Brussolo
1922.	*Arago*	Laurent Genefort
1923.	*Les sortilèges de Maïn*	Hugues Douriaux
1924.	*Les mangeurs de viande*	Jean-Pierre Garen
1925.	*L'autoroute sauvage*	Gilles Thomas
1926.	*De l'autre côté du mur des ténèbres*	Serge Brussolo
1927.	*Le sang des mondes*	Jean-Pierre Vernay
1928.	*Cobaye*	Mars Lemosquet
1929.	*Les yeux de la terre folle*	Thierry Pastor
1930.	*Neurovision*	Dominique Brotot
1931.	*Envercœur*	Alain le Bussy
1932.	*Haute Enclave*	Laurent Gonefort
1933.	*Cyberkiller*	Jean-Marc Ligny
1934.	*La flûte de verre froid*	Gilles Thomas
1935.	*Polytan*	Ayerdhal
1936.	*Les mines de Sarkal (S.S.P.P.)*	Jean-Pierre Garen
1937.	*Warrior*	Hugues Douriaux
1938.	*Les sentinelles d'Almoha*	Serge Brussolo
1939.	*Garmalia*	Alain le Bussy
1940.	*Le voleur d'organes*	Dominique Brotot
1941.	*Les portes sans retour*	Gilles Thomas
1942.	*Pour des soleils froids*	Jean-Louis Trudez
1943.	*Le peintre des orages*	Alain Billy
1944.	*Les chasseurs de rêve*	Laurent Genefort
1945.	*La porte de flamme*	Hugues Douriaux

1946.	*Nickel le petit*	C. Kaufman
1947.	*Les adorateurs de Kââl*	J.-P. Garen
1948.	*Quête impériale*	Alain le Bussy
1949.	*Jalin Ka*	C. Kaufman
1950.	*Shaan !*	Piet Legay
1951.	*L'araignée de verre (S.S.P.P.)*	Jean-Pierre Garen
1952.	*Parasol 27*	Alain Billy
1953.	*La route des soleils*	Wildy Petoud
1954.	*La troisième lune*	Laurent Genefort
1955.	*Le ressuscité de l'Atlantide*	Jean-Louis Trudel
1956.	*York de l'Ile*	Alain le Bussy
1957.	*Le dernier des Aramandars*	Hugues Douriaux
1958.	*Rock des plaines*	Alain le Bussy
1959.	*Une planète pour Copponi*	Hugo Van Gaert
1960.	*Hou des machines*	Alain le Bussy
1961.	*Le labyrinthe de chair*	Laurent Genefort
1962.	*Profession : cadavre*	Serge Brussolo
1963.	*La guerre des cercles*	Jean-Claude Dunyach
1964.	*Theophano 960*	Pierre Stolze
1965.	*Soleil fou*	Alain le Bussy
1966.	*De chair et de feu*	Laurent Genefort
1967.	*Le prisonnier de l'entre-deux-mondes*	Hugues Douriaux
1968.	*Acherra*	Gilles Thomas
1969.	*Offren*	Gilles Thomas
1970.	*La promenade du bistouri*	Serge Brussolo
1971.	*Les hommes du maître*	Jean-Pierre Garen
1972.	*Chatinika*	Alain le Bussy
1973.	*Le chineur de l'espace*	P.-J. Hérault
1974.	*L'homme qui n'existait plus*	Laurent Genefort
1975.	*Interférences*	Hugues Douriaux
1976.	*Justice galactique*	Jean-Pierre Garen
1977.	*Phalènes*	Philippe Guy
1978.	*Les chemins de Pilduin*	Claude Castan
1979.	*Jana de couloirs*	Alain le Bussy
1980.	*Lyane*	Laurent Genefort
1981.	*Jorvan de la mer*	Alain le Bussy
1982.	*Djamol de Kiv*	Alain le Bussy
1983.	*La route de Stelian*	Claude Castan
1984.	*Les allées de la gloire*	Claude Castan
1985.	*La montagne rouge*	Jean-Pierre Garen
1986.	*Ceux qui ne voulaient pas mourir*	P.-J. Hérault
1987.	*Les pistes d'Ahran*	Claude Castan

Cet ouvrage a été composé par EURONUMÉRIQUE
à 92120 Montrouge, France
et achevé d'imprimer en août 1996
sur les presses de Cox & Wyman Ltd.
à Reading (Berkshire)

Dépôt légal : septembre 1996
Imprimé en Angleterre